Nadine Erler

Deutsche Klassiker

Band 21

Alexandra Gripenberg - 'Fredrika Runeberg'

Aus dem Finnlandschwedischen übersetzt von Nadine Erler

GRIN Verlag

Bibliografische Information der Deutschen Nationalbibliothek:

Die Deutsche Bibliothek verzeichnet diese Publikation in der Deutschen National-
bibliografie; detaillierte bibliografische Daten sind im Internet über http://dnb.d-
nb.de/ abrufbar.

Impressum:

Copyright © 2011 GRIN Verlag GmbH
Druck und Bindung: Books on Demand GmbH, Norderstedt Germany
ISBN: 978-3-656-08238-5

Dieses Buch bei GRIN:

http://www.grin.com/de/e-book/183789/alexandra-gripenberg-fredrika-runeberg

GRIN - Your knowledge has value

Der GRIN Verlag publiziert seit 1998 wissenschaftliche Arbeiten von Studenten, Hochschullehrern und anderen Akademikern als eBook und gedrucktes Buch. Die Verlagswebsite www.grin.com ist die ideale Plattform zur Veröffentlichung von Hausarbeiten, Abschlussarbeiten, wissenschaftlichen Aufsätzen, Dissertationen und Fachbüchern.

Besuchen Sie uns im Internet:

http://www.grin.com/

http://www.facebook.com/grincom

http://www.twitter.com/grin_com

Alexandra Gripenberg

Fredrika Runeberg

Aus dem Finnlandschwedischen übersetzt von Nadine Erler

Das Original erschien 1892 unter dem Titel *Fredrika Runeberg* in *Finska qvinnor på olika arbetsområden. Biografiskt album utgifvet af Finsk Qvinnoförening* bei Otava in Helsinki

Die Vorsehung fügte es, daß an der Seite unseres großen Nationaldichters eine Frau stand, die die ewige Dankbarkeit der finnischen Frauen verdient hat. Johan Ludvig Runeberg[1] hat als Dichter im finnischen Volk die Vaterlandsliebe zum Leben erweckt. Seine Frau Fredrika Runeberg war die erste, die in unserem Land öffentlich für die Frauen gesprochen und die Sorgen hervorgehoben hat, die deren Leben verdüstern. Ihr Name strahlt über die Grenzen des neunzehnten Jahrhunderts hinaus, aber bisher wurde sie fast nur als die Frau eines großen Mannes beschrieben. Und dennoch wecken ihr reicher Geist, ihre vollkommene Persönlichkeit und ihre Dichtkunst so großes Interesse, daß Fredrika Runeberg um ihrer selbst willen einen Platz in der Geschichte unseres Landes verdient.

Möge die jüngere Generation vorsichtig den Schleier lüften, der bisher vieles, was ihr Leben und Wirken betrifft, vor uns verborgen hat. Um eine Person lieben und ehren zu können, müssen wir sie kennen. Anlaß für das Schreiben dieser Zeilen war die Hoffnung, daß es der jetzigen Generation Freude bereiten würde, das dankbare Andenken an Fredrika Runeberg lieben und bewundern zu lernen. Das Leben des Menschen ist wie ein Sandkorn unter Millionen anderen – wie leicht wird es vergessen! Aus diesem Grund ist es gut, rechtzeitig Erinnerungen zu sammeln, solange noch wenigstens ein Zeitgenosse lebt, der persönlichen Kontakt zu dem Menschen hatte, dessen Bild man bewahren will.

Fredrika Charlotta Tengström wurde am 1. September 1807 in Jakobstad geboren[2]. Ihre Eltern waren der Zollbeamte und spätere Kämmerer des Regierungskonzils Karl Fredrik Tengström und seine Frau Anna Margaretha, geborene Bergbom. Die Tage ihrer Kindheit wurden überschattet von Krankheit, die ihr ohnehin zurückhaltendes Wesen noch verschlossener machte.[3] In der Familie gab es keine gleichaltrigen Kinder als Spielgefährten, weshalb Fredrika sehr früh lesen lernte. Jemand hatte der Vierjährigen die Buchstaben beigebracht, und dann begann sie von sich aus, sich durch Tengströms[4] Kinderbuch *Läseöfningar för mina barn* zu buchstabieren. Als Fredrika flüssig daraus vorlesen konnte, drückte man ihr Möllers Katechismus in die Hand, den sie als Sechsjährige bereits auswendig konnte. In der Schule für kleine Kinder, in die Fredrika dann kam, hatte sie also nichts zu tun, weil sie schon lesen konnte und den Katechismus kannte, und mehr wurde in dieser Schule nicht unterrichtet.

---

[1]   Johan Ludvig Runeberg (1804 – 1877) gilt als Nationaldichter Finnlands. Sein berühmtestes Werk ist *Fänrik Ståls sägner* („Fähnrich Stahl"). Das erste Gedicht daraus, *Vårt land* („Unser Land", finn. „Maamme"), wurde zur Nationalhymne Finnlands (Anm. d. Übers.).

[2]   Richtig ist der 2. September 1807 (Anm. d. Übers.).

[3]   J. E. Strömborg: *Biografiska anteckningar om Johan Ludvig Runeberg* (Anm. d. Verf.).

[4]   Jacob Tengström (1755 – 1832): Fredrika Runebergs Onkel väterlicherseits, finnlandschwedischer Theologe, Historiker, Schriftsteller, Erzbischof von Turku, schrieb das erste finnlandschwedische Kinderbuch (*Tidsfördrif för mina barn*, 1799) (Anm. d. Übers.).

Als Siebenjährige begann Fredrika, unter der Leitung ihres Bruders Karl zu lernen, der ein eigenartiger, aber begabter junger Mann war. Seine Unterrichtsmethode war besonders seltsam: Das Französisch- und Deutschlernen ging so vor sich, daß die ersten zwei Jahre nur Grammatik gelernt wurde, dann mußte sie selbst anfangen zu übersetzen und beim Abfragen die Wörter analysieren usw. Wie soviele andere Mädchen dieser Zeit mußte sie viel Zeit mit dem Lernen von Fremdsprachen verbringen; auf andere Wissensgebiete wurde kein großer Wert gelegt.

Fredrikas Kränklichkeit war der Grund dafür, daß ihre Eltern sie als Dreizehnjährige nach Raahe schickten, in der Hoffnung, daß die Luftveränderung sie kräftigen würde. Dort wohnte sie bei ihrem Onkel, Kronvogt Bergbom, dessen fröhliche Kinderschar viele lustige Streiche spielte. Dort bekam sie auch Unterricht; die Lehrerin war ihre älteste Cousine[5], die in Stockholm erzogen worden war.

Zu dieser Zeit wohnten Fredrikas Eltern nicht mehr in Jakobstad. 1809 war ihr Vater Kämmerer des Regierungskonzils für Finanzen geworden, und die Familie war nach Turku gezogen. Als Fredrika aus Raahe zurückkehrte, besuchte sie in Jakobstad ihre Verwandten, die Runebergs, und traf dort zum ersten Mal ihren zukünftigen Mann.

Über dieses Ereignis erzählt Z. Topelius[6]: „Als Fredrika Tengström mit ihrer Mutter bei den Runebergs eintraf, war Johan Ludvig, zu jener Zeit ein hochaufgeschossener Gymnasiast, gerade von einem Angelausflug zurückgekommen. Ein rustikales Butterbrot in der Hand, stand er im Eßzimmer – braungebrannt, barfuß, die Haare zerzaust und die Kleidung furchtbar fleckig. Zu seinem Entsetzen hörte er, daß seine Mutter im Vorzimmer Gäste empfing. Er hatte keine Möglichkeit zur Flucht, denn die Gäste mußten das Eßzimmer durchqueren, um ins Besucherzimmer zu gelangen, und im Eßzimmer gab es keine weitere Tür als die zum Vorzimmer und die zum Besuchszimmer. In Panik versteckte er sich hinter einer der Türen. Aber der junge Mann hatte nicht bedacht, daß seine nackten Füße unter der Tür hervorsahen. Einen Augenblick später ertönte vergnügtes Gelächter: Die Gäste hatten, sobald sie das Zimmer betraten, den Flüchtling entdeckt, der gerufen wurde, um sie zu begrüßen. Barfuß und verlegen lernte Johan Ludvig so seine zukünftige Frau kennen."

Fredrika ging nun nun einige Zeit in eine Schule in Turku, deren Leiterin eine Frau Johnsson war und in der sie Deutsch lernte. Nach einigen Monaten wechselte sie auf eine andere Turkuer Schule, das zu jener Zeit sehr angesehene Pensionat Salmberg, das sie ein Jahr

---

5   Margareta Catharina "Carin" Bergbom (1794–1853) (Anm. d. Übers.).

6   Zach(a)ri(a)s Topelius (1818 – 1898) war ein finnlandschwedischer Schriftsteller, Dichter, Journalist, Historiker und Rektor der Universität Helsinki. Er war ein Schüler Johan Ludvig Runebergs. Am populärsten wurde er durch seine Novellen und Kinderbücher (Anm. d. Übers.).

besuchte. Ihre Lehrerin, Frau Anna Salmberg[7], war die Witwe eines Schiffskapitäns und gebürtige Engländerin. Alle Zeitgenossen sagten über sie, daß sie eine kultivierte und reich begabte Frau gewesen sei, an der die Schülerinnen sehr hingen. Auch Fredrika war eng mit ihr befreundet und unterhielt noch viele Jahre, nachdem sie die Schule verlassen hatte, einen Briefwechsel mit ihr. Auch in diesem Institut lag das Hauptaugenmerk auf Fremdsprachen. Dadurch erwarb Fredrika fließende Kenntnisse in Französisch, Deutsch und Englisch und konnte mühelos aus dem Stegreif ein fremdsprachiges Textstück ins Schwedische übersetzen. So war es ganz natürlich, daß sie, nachdem sie mit sechzehn die Schule abgeschlossen hatte, immer vorlesen mußte, wenn die Familie versammelt war.

Zu Hause galt nach den Sitten der Zeit eine strenge Ordnung. Bis sieben Uhr abends mußten alle fleißig zum Wohl des Heimes tätig sein, und um neun Uhr war für jeden Ruhe angesagt, die Kerzen wurden gelöscht. In solchen Verhältnissen hatte Fredrika nicht viel Zeit zum Lesen, Zeichnen, Wassermalerei, Seidenmalerei, Herstellen von Kunstblumen und anderen Tätigkeiten, zu denen sie eine große Neigung hatte. Zum Malen nutzte sie für gewöhnlich die Sonntagnachmittage.

Nach dem Tod des Vaters (18249 gab es in der Familie viele Veränderungen. Unter anderem wurde Fredrikas Neigungen berechtigte Aufmerksamkeit zuteil, denn sie begann, mit ihren Aquarellen und Seidenmalerei Geld zu verdienen. So verdiente sie alles Geld für ihre eigenen Bedürfnisse und sparte auch noch etwas Kapital, 400 Reichstaler, mit denen sie als Braut ihre Aussteuer finanzierte. Unter anderem hatte sie die Rollgardinen an allen Fenstern des Erzbischofs gemalt. Aber zu jener Zeit galt es als unpassend, daß eine „Dame von Stand" Geld mit eigener Arbeit verdiente; aus diesem Grund mußte Fredrika ihre Werke heimlich verkaufen.

Strömborg[8] erwähnt in seinen biographischen Memoiren, denen die obigen Informationen entnommen sind, daß Fredrika in ihrer Jugend immer noch so still und in sich gekehrt war wie als Kind. Ihre älteste Schwester Carolina, in erster Ehe verheiratet mit Professor Bergbom und in zweiter Ehe mit Professor Tengström, war schön und äußerst beliebt. Fredrika bewunderte sie sehr, und wenn sie ein schönes Kleidungsstück bekam, wollte sie es sofort ihrer Schwester

---

[7]   Anna Salmberg, geb. Brinck (1788 – 1868) (Anm. d. Übers.).

[8]   Johan Elias Strömborg (1833 – 1900): Finnlandschwedischer Professor und Biograph Johan Ludvig Runebergs. Nachbar der Runebergs und Gründer des Runeberg-Museums in Porvoo, das nach seinem Tod von seiner Tochter Ida Federley, geb. Strömborg, weitergeführt wurde. Strömborgs Enkelin Karin Allardt gab 1946 Fredrika Runebergs Werke *Anteckningar om Runeberg* und *Min pennas saga* heraus (Anm. d. Übers.).

schenken, die mit ihrem heiteren und herzlichen Wesen überall Freude und Lebhaftigkeit verbreitete.

Fredrika dagegen mied Gesellschaft, und oft, wenn es eine Einladung oder Tanzveranstaltung gab, mußte die Mutter sie mit Tadel dazu bewegen, unter Leute zu gehen. Lesen war seit ihrer Kindheit ihr liebster Zeitvertreib, und sie schrieb schon während ihrer Schulzeit Gedichte, versuchte aber, diese geistige Tätigkeit vor anderen geheimzuhalten. Trotzdem bekam ihre Umgebung manchmal Wind davon. Ein Zeitgenosse erzählt, daß sie mit fünfzehn, als Erzbischof Tengström in Pargas ein Fest gab, zur Verlegenheit ihrer Angehörigen vor allen Leuten eine selbstgeschriebene Erzählung vortrug. Weil das Vorlesen zu Hause sozusagen ihr Amt war, war daran gewöhnt, sehr schnell zu lesen, so daß sie es auch viel Lesestoff schaffte. Leider war ihre Erziehung, obwohl viel besser als die anderer Mädchen in dieser Zeit, trotzdem so fehlerhaft, daß sie nichts anderes las als Schönliteratur. Vielleicht ist das bedrückende Gefühl, daß die Unwissenheit ihre eigene Entwicklung behindert habe, der Grund dafür, daß sie später so leidenschaftlich und entschieden eine fundiertere Bildung für Mädchen forderte. Auf eigener Erfahrung beruhten sicherlich das Feuer und die Leidenschaft, mit der sie später mit Worten und Taten versuchte, jene aus Abwertung der Arbeit resultierende falsche Auffassung zu bekämpfen, daß es sich für eine feine Dame Frau nicht gehöre, „für Geld" zu arbeiten.

Nach dem Brand von Turku[9] zog Frau Tengström mit ihrer Tochter in das schöne Kirchspiel Pargas, wo sich nach und nach auch andere Angehörige einfanden. Dort traf sie ihren Verwandten[10] Johan Ludvig Runeberg immer öfter. Sie hatten sich schon vorher gekannt, aber erst jetzt begann Runeberg, sich Fredrika ernsthaft zu nähern. Im Sommer machte die Schar junger Leute ab und zu Bootausflüge, im Winter fanden literarische Abendgesellschaften statt, bei denen selbstgeschriebene Gedichte oder auch Erzeugnisse der neueren Literatur gelesen wurden, an denen zu jener Zeit ein großer Mangel herrschte; zwischendurch wurde fröhlich geplaudert und gespielt. Die anderen jungen Leute ließen Fredrika und Runeberg meistens allein miteinander, und den beiden, die literarische Fragen liebten, fehlte es auch nie an Gesprächsstoff. Als Beleg für diese ungewöhnlich rege Beschäftigung mit Schönliteratur sei erwähnt, daß Fredrika schon 1827 die Ossian-Gesänge in

---

[9]   Der Brand von Turku (finn. *Turun palo,* schwed. *Åbo brand*) war der größte Stadtbrand in der Geschichte Finnlands. Das Feuer, das am 4. 9. 1827 ausbrach, zerstörte 75% der Stadt. 27 Menschen kamen ums Leben, Hunderte wurden verletzt und ca. 11000 obdachlos. Als Folge des Brandes wuchs die Bedeutung von Helsinki (seit 1812 Finnlands Hauptstadt), wohin mehrere Turkuer Institutionen nach der Katastrophe verlegt wurden (Anm. d. Übers.).
[10]   Johan Ludvig und Fredrika Runeberg waren Cousin und Cousine zweiten Grades (Anm. d. Übers.).

Macphersons englischer Übersetzung gelesen hatte und daß sie Runeberg einen großen Teil davon auf Schwedisch präsentierte.

Aus dieser Zeit liegen Briefe vor, die Fredrika an eine Freundin aus der Zeit in der Salmbergschen Schule schrieb, die Schriftstellerin Augusta Lundahl[11], die später als Frau des Propstes Wallenius bekannt wurde. Diese Briefe gehören zu einer Sammlung, die der Autorin dieser Zeilen freundlicherweise zur Verfügung gestellt wurde. Die Briefe – überwiegend auf Französisch geschrieben – schaffen ein schönes Bild vom lustigen Leben der Jugend, das Fredrika zu jener Zeit führte.

Im ersten Brief (aus dem Jahr 1826) bittet sie ihre Freundin dringend, zur Krönungsfeier von Zar Nikolaus[12] nach Turku zu kommen, und bestellt „8 Lot helle Strickwolle von Finlayson für einen Schal", wie sie (Fredrika) ihn in irgendeinem Club im Winter gesehen hatte und über den sie sagt, daß „seitdem ein Wettbewerb lief, wer sich selbst einen solchen besorgen würde". In einem anderen, im gleichen Jahr geschriebenen Brief erzählt sie von einer Helsinkireise und macht Scherze über die Abenteuer dort, sich selbst nennt sie „cousine de Campagne"[13]. Aus dem Brief geht hervor, daß die Leute sie und Runeberg nun schon als zusammengehörig betrachteten, denn sie schreibt: „Ich habe keine Ahnung, wer die Braut meines Cousins Runeberg sein könnte."

All diese Briefe von 1826 zeigen eine ungewöhnlich große Verspieltheit und Lebensfreude, aber auch Fredrikas Melancholie und ihre Unzufriedenheit mit sich selbst werden darin deutlich. Als sie sich z. B. darüber freut, daß ihre Freundin nach Turku und Pargas kommen wird, wagt sie nicht, sich der Freude ganz hinzugeben, sondern ruft hoffnungslos: „Ich kann trotzdem nicht glauben, daß es wahr ist, ich wage es nicht zu hoffen. *Car cela aurait trop de plaisir pour moi.*"[14]

Im Herbst 1828 zog sie mit ihrer Mutter nach Helsinki. Sie vermißte schmerzlich die schöne Gegend von Pargas und fürchtete, daß sie in der Stadt wie in einem Käfig eingesperrt sein würde. *„Moi, je suis tout à fait folle des vues belles."*[15]

Im Sommer war sie viel mit Runeberg zusammengewesen, und es ist wahrscheinlich, daß sie sich dann über ihre Gefühle füreinander klar wurden. Am zwölften Dezember des gleichen

---

11   Augusta Charlotta Wallenius, geb. Lundahl (1811 – 1892): Finnlandschwedische Dichterin und eine enge Freundin Fredrika Runebergs, die sie in den 1820er Jahren im Turkuer Mädchenpensionat von Frau Salmberg kennengelernt hatte. Sie war ein Mitglied der „Samstagsgesellschaft" und schrieb für die Zeitung *Morgonblad*, mit deren Herausgeber Nervander sie kurzzeitig liiert war. 1834 heiratete sie den Propst Wallenius (Anm. d. Übers.).

12   Nikolaus I. (1796 – 1855), ab 1826 russischer Zar. Die Krönung fand in Moskau statt, wurde aber auch in Finnland gefeiert, da zu dem Zeitpunkt russisches Großfürstentum war (Anm. d. Übers.).

13   „Landpomeranze" (Anm. d. Übers.).

14   „Das wäre eine zu große Freude für mich." (Anm. d. Übers.)

15   „Ich war immer so begeistert von schönen Anblicken." (Anm. d. Übers.)

Jahres gaben sie ihre Verlobung bekannt. Strömborg erzählt, daß Lisette, die treue alte Dienerin der Familie Tengström, den mit Runeberg geschlossenen Bund nicht vorteilhaft für Fredrika fand, weil der Bräutigam nichts besaß. Als sie gebeten wurde, die Verlobung vorerst geheimzuhalten, soll die Alte ärgerlich geantwortet haben: „Ich pflege nicht über meine Herrschaft zu reden."

Die Verlobungszeit dauerte Jahre. Runeberg studierte die ganze Zeit fleißig, und es heißt, daß er seine guten Prüfungsergebnisse zum Teil seiner Verlobten zu verdanken habe, denn Fredrika stand um vier Uhr morgens auf, um ihrem Verlobten Kaffee zu kochen. Runeberg trank nämlich so früh am Morgen Kaffee, weil er dachte, das gäbe der Arbeit Schwung. Weil die Dienerin alt war und die Bequemlichkeit liebte, nahm die Braut das Kaffeekochen selbst in die Hand. Runeberg wohnte gegen Ende der Verlobungszeit im Haus seiner künftigen Schwiegermutter.

1830 wurde Runeberg zum Universitätsdozenten für Rhetorik ernannt, und im folgenden Jahr feierte er seine Hochzeit mit Fredrika Tengström. Fredrika schreibt über das Ereignis an ihre Freundin Augusta Lundahl am vierzehnten Februar 1831[16]:

„An der Unterschrift siehst Du, was Du wohl schon gehört hast – daß ich meinen Namen geändert habe und in neue Verhältnisse gekommen bin. Am einundzwanzigsten Januar war unser Hochzeitstag. Nur die engsten Verwandten waren eingeladen, und sowohl Runeberg als auch ich hofften, daß dieser Tag in jeder Hinsicht einfach gefeiert werden würde. Schlicht war auch mein Kleid. Vielleicht interessiert es Dich, zu hören, was ich anhatte? Weiße Seidenschuhe und Seidenstrümpfe und ein Seidenkleid, das mit schimmernder Gaze überzogen war. Es hatte keinen weiteren Schmuck außer einer kleinen Seidenspirale am Knie. Um die Taille ein langer glänzender Gazegürtel, dessen Enden herabhingen, am Hals gerüschte Spitze, am Mieder und an den Ärmeln keine Rüschen oder Verzierungen, nur Spitzenmanschetten, am Hals weiße Wachsperlen, die mit einer Schnalle befestigt waren, auf dem Kopf die Brautkrone und ein Kranz aus Immortellen. Sonst kein Schmuck im Haar. Ein Blumensträußchen am Kleid befestigt, ein zweites an der Schulter. Nun hast Du die Braut gesehen! Es wäre lustiger für Dich, wenn ich den Tag nach der Hochzeit beschreiben könnte, an dem die meisten Hochzeitsgäste und einige Freunde von Runeberg (darunter auch solche, die nicht bei der Hochzeit waren) schon morgens zu uns kamen und den wir mit Reden, Lachen und Singen verbracht haben. Wir trennten uns am Abend. Es war wirklich schön, sein neues Leben so anzufangen, im Kreise der nächsten Angehörigen und Freunde, inmitten

---

[16] Erstmals veröffentlicht in Strömborgs oft erwähntem Werk (Anm. d. Verf.).

lebhafter Freude und Scherze. Es ist, als wenn einen, wenn man an einen fremden Ort gezogen ist, am ersten Tag schönes Wetter begrüßt."

Strömborg erzählt, daß das Heim der Jungverheirateten sehr bescheiden war. Frau Tengströms Haus hatte ein kleines Nebengebäude, von dem zwei Zimmer vermietet wurden. Die waren vorher von einem Tischler als Arbeitsplatz genutzt worden. Die junge Braut tapezierte selbst die Wände und strich sie an. Auf einer Auktion wurden die nötigen Möbel gekauft, die Fredrika gemeinsam mit ihrem Bruder Fredrik säuberte und reparierte. Auf den Boden, in den sich im Laufe der Jahre Ruß, Leim und Firnis eingefressen hatten, wurden Teppiche als Verdeckung gelegt. Nach der Verschönerung durch die liebevolle Hand sahen die bescheidenen Zimmer nun sehr hübsch aus. Sie besaßen nur den allernötigsten Hausrat; so hatte die junge Frau nur ein halbes Dutzend flache und ebenso viele tiefe Teller.

Zur Zeit seiner Hochzeit wurde Runeberg Mitglied der bekannten Samstagsgesellschaft, die sowohl seine Entwicklung als auch die seiner Frau so sehr beeinflußte. Zu der Gesellschaft gehörte eine Gruppe junger Männer, die man fast alle im Kreis von Finnlands herausragendsten Männern antrifft, als Vertreter von Literatur und Wissen. Zu nennen sind – außer Runeberg – Johan Jakob Nervander[17], Johan Jakob Nordström[18], Johan Vilhelm Snellman[19], Fredrik Cygnæus[20] und andere. Diese „Gesellschaft" versammelte sich der Reihe nach bei den Mitgliedern zu Hause. Bei den Treffen wurden Gedanken ausgetauscht, vor allem über Literatur, die neuere schwedische Literatur vorgestellt und die sich daraus ergebenden Fragen diskutiert. Es gehörten auch Frauen zur Samstagsgesellschaft, wenn auch nicht viele – eine von ihnen war Augusta Lundahl, die sich dann und wann in Helsinki aufhielt. Runeberg und seine Frau hingen beide sehr an ihr und sprachen sie meistens mit dem Kosenamen „Hebe" an:

Wie sehr das Zusammensein mit diesen Männern Fredrikas Entwicklung beeinflußte, kann man sich vorstellen. Es sieht so aus, als ob sie von Anfang an Anteil an der Arbeit und den

---

[17] Johan Jakob Nervander (1805 – 1848): Finnlandschwedischer Physiker, Dichter und Übersetzer. Jugendfreund von Johan Ludvig Runeberg und Fredrika Tengström, tonangebendes Mitglied der „Samstagsgesellschaft" (Anm. d. Übers.).
[18] Johan Jakob Nordström (1801 – 1874): Finnlandschwedischer Jurist, Archivar und Politiker (Anm. d. Übers.).
[19] Johan Vilhelm Snellman (1806 – 1881): Finnlandschwedischer Philosoph, Journalist und Staatsmann, der sich für die Stärkung der finnischen Sprache einsetzte. Seine eigene Muttersprache war Schwedisch, aber für ihn war die Etablierung eines finnischen Nationalbewußtseins die einzige Möglichkeit zur Abwendung einer Russifizierung. Ihm wird der Ausspruch „Schweden dürfen wir nicht sein, Russen wollen wir nicht sein, laßt uns Finnen sein!" zugeschrieben (Anm. d. Übers.).
[20] Fredrik Cygnæus (1807 – 1881): Finnlandschwedischer Skalde und Kunstkritiker (Anm. d. Übers.).

.

geistigen Beschäftigungen ihres Mannes genommen hätte; jedenfalls ist das aus Strömborgs Memoiren herauszuhören, in denen u. a. erwähnt wird, daß sie oft für ihren Mann belletristische Werke las, vor allem die neueste Literatur. Dann präsentierte sie ihm die Hauptzüge des Inhalts, um seine kostbare Zeit zu sparen. Im Laufe der Jahre nahm Runeberg die Literatur seiner Zeit, vor allem die schwedische, nur noch auf diese Art zur Kenntnis.

Im dritten Ehejahr traf Frau Runeberg ein großer Kummer. Ihr erstes Kind, ein kleines Mädchen, starb.[21] Sie reiste mit ihrem Mann nach Tampere, um Fräulein Lundahl zu besuchen und den Kyröskoski zu bewundern, und als sie nach Helsinki zurückkam, wirkte das kleine Haus leer und öde auf sie. Sie schreibt darüber am 10. September 1833:

„Öde und leer erscheint die Heimkehr, aber ich habe mir angewöhnt, Aufmunterung in fleißiger Arbeit zu suchen. Und Gott sei Dank, das Leben geht weiter, ein Tag geht, ein anderer kommt. Auf vollkommenes Glück darf man auf dieser Welt nicht hoffen – es würde uns vergessen lassen, daß wir Menschen sind, und warum sollte ich darüber klagen, daß mir ein Teil meines Glücks genommen wurde, wenn ich doch unsagbar reich bin? Ich habe doch noch soviel, ich muß nur lernen, geduldig daran zu denken, daß ich noch mehr hatte und daß der, der es gegeben hat, auch das Recht hatte, es zu nehmen. Wie sehr ich Kyröskoski vermisse. Wenn ich denke, daß der Strom in diesem Moment genauso braust und vorwärtseilt wie an den Tagen, als wir dort waren, und daß er noch auf die gleiche Art rauschen wird, wenn unzählige Generationen über unsere Gräber und die unserer Nachkommen geschritten sind! Die, die ihn vor uns gesehen haben, sind verschwunden, die nachfolgenden Generationen sind gekommen und gegangen, aber ‚er‘ bleibt während aller Zeitenwechsel an seinem Platz! Mir schwirrt der Kopf. Aber ich will noch einmal dorthin, ich erinnere mich nicht so an ihn, wie ich gern würde. Etwas, das mich tief beeindruckt, beherrscht meinen Geist so, daß ich unfähig bin, die Bilder aufzunehmen, die ich in meinem Gedächtnis bewahren will. Ich möchte es noch einmal sehen, um es wirklich ‚sehen‘ zu können!"

Während Fredrika durch das Lesen von Literatur indirekt ihrem Mann half, begann sie, auch direkt an seiner Arbeit teilzunehmen, indem sie für das *Morgonblad* schrieb, das Runeberg von 1832 bis 1837 herausgab. Sie erwähnt das scherzhaft in einem Brief an eine Freundin: „Runeberg klagt und jammert, daß er nichts für die Zeitung beizusteuern hat, und so muß ich dem Ärmsten helfen."

Eines ihrer frühesten Werke ist die Novelle *Den unga nunnan*[22], die im *Morgonblad* erschien. Es wurde veröffentlicht im Blatt 1833 und ist im gleichen Stil geschrieben wie Mellins[23]

---

[21]   Anna Carolina Runeberg (1832 – 1833). Den Tod ihrer einzigen Tochter verwanden die Runebergs nie (Anm. d. Übers.).

[22]   „Die junge Nonne" (Anm. d. Übers.).

historische Romane. Es ist kein Wunder, daß sie – an der Seite des großen Dichters Runeberg und in einer Zeit, in der „literarischen Frauen" gegenüber bissige Bemerkungen üblich waren – , ihr eigenes Schreibtalent für geringfügig hielt. Auch in ihren Briefen erwähnt sie es nur scherzhaft. Es scheint, als wollte sie vor sich selbst und anderen verbergen, daß sie für ihre schriftstellerische Tätigkeit einen anderen Antrieb hat als den Wunsch, ihrem Mann zu helfen. „Wir haben", schreibt sie am dreizehnten Januar 1834, „den Weihnachtsabend bei ... verbracht. Dort gab es viele Weihnachtsgeschenke – und alles mögliche andere. Ich muß erzählen, daß eine Frau, als sie hörte, daß bei uns in Kruununhaka viel gedichtet wird, sagte: ‚Nun, kein Wunder, daß Leute Gedichte schreiben, die den lieben langen Tag nichts anderes zu tun haben!' Ich habe kaum jemals eine Frau getroffen, die so eine Ahnung von dem hat, was wir machen. Es ist doch ganz verrückt, daß ich so viele Gedichtsünden mit mir herumtragen muß."

Den Sommer 1834 verbrachten die Runebergs im Herrenhaus Haihara in der Nähe von Tampere. Frau Runeberg freute sich darauf, mit ihrer Freundin zusammenzusein, denn Augusta Lundahl wohnte in Tampere. Am zwölften März 1834 schreibt sie:

„Du wirst sehen, daß wir leben wollen wie der Vogel auf einem Ast, unbekümmert um das Dasein und das Leben, und jeden Tag nehmen, wie er eben kommt. Runeberg hat gerade erst die Studentenjahre hinter sich gelassen, oder richtiger gesagt: Er führt immer noch das Leben eines Studenten und kann den Tag nehmen, wie er kommt. Aber ich bin dessen ganz ungewohnt und fand es schön, für das Vergnügen zu leben – und erträglich, wenn die Not einem Härten aufzwang, wie es nach dem Brand von Turku der Fall war, als ich z. B. einige Wochen lang nachts keine Bettwäsche hatte außer einem Kleiderbündel oder einem kleinen Kissen unter dem Kopf, und wenn es uns beinahe erschien, als hätten wir eine Sünde begangen, als einmal, nachdem wir Fleisch von einem Bauern gekauft hatten, Fleisch und Suppe auf dem Mittagstisch stand, während alle anderen zufrieden waren, wenn sie Kartoffeln und Brot hatten. Ein solches Leben hat auch seine reizvollen Seiten, und das Schreckliche erschreckte die Seele nicht mehr, weil man sich daran gewöhnte und weil es keinem besser ging als dem anderen. Wenn es an diesem Ort zufällig ein Mädchen gäbe, dann hätte es das Amt der Iris[24]. Ich mache mir keine Sorgen, wenn ich auch an den schönsten Kocharbeiten teilnehmen müßte. Ich hoffe, daß diese Arbeiten nicht zu kompliziert sind. Bekommen wir auch Bettwäsche? Man braucht keine Daunendecken, aber wenn die Bauern wenigstens etwas haben, ist es gut."

---

[23]   Robert Mellin (1826 – 1880): Finnlandschwedischer Pfarrer und Literaturübersetzer (Anm. d. Übers.).
[24]   Iris war bei den alten Römern die Götterbotin, hier ist wohl „Dienerin" gemeint (Anm. d. Übers.).

Im gleichen Winter hatte Frau Runeberg angefangen, Finnisch zu lernen – ein Unterfangen, das zu jener Zeit für eine Frau der Oberschicht sehr ungewöhnlich war. Wir drucken hier einen Auszug aus einem Brief an eine Freundin ab, der ihre warme Anteilnahme an den gerade erst erwachten nationalen Interessen bezeugt:

„Lönnrot[25] ist gerade hier. Er ist gekommen, um einen großen Band Gedichte herauszugeben und zu drucken, die er irgendwo in Archangelsk gesammelt hat. Er hat angeblich viele Gedichte zusammengetragen und behauptet, er könne mit deren Hilfe die Mythologie der Finnen dem Forscher viel deutlicher und vollkommener vorstellen, als die Mythologie Skandinaviens mithilfe der Edda untersucht werden konnte. Gestern, als ich noch nicht wußte, daß er in der Stadt war, kam Doktor Lindfors mit ihm zu mir und sagte: ‚Hier darf ich Ihnen Doktor Lönnrot vorstellen, den Sie so gern kennenlernen wollten.‘ Du kannst Dir denken, daß ich verlegen wurde, zum Glück verlor ich meine Geistesgegenwart nicht ganz. Es war ja wirklich schön, ihn kennenzulernen. Er hat Runeberg halb versprochen, im Sommer nach Haihara zu kommen. Als wir über Lönnrot sprachen, kam mir der Gedanke, Finnisch zu lernen. Ich lerne Finnisch, d. h. ich lese es mit Hilfe eines Wörterbuchs. Es geht langsam, vor allem, weil Renvalls[26] Wörterbuch keine große Hilfe für jemanden ist, der kein Latein kann."

Um seine etwas spärlichen Einkünfte aufzubessern, hatte Runeberg 1832 eine größere Wohnung gemietet und mehrere Jungen in Vollpension aufgenommen. Natürlich bedeutete das für seine Frau zusätzliche Arbeit und machte ihr viele Sorgen. Z. Topelius, der bei den Runebergs mit Vollpension wohnte, erzählt davon in Strömborgs Memoiren:

„Fredrika Runeberg war mit 27 Jahren eine blasse junge Frau. Sie hatte schöne, seelenvolle Augen und lange dunkle Haare, die sie alltags schmucklos über die Ohren gekämmt trug, wie in alten Zeiten üblich. Sie sah meistens müde aus und war still und schüchtern, außer dann, wenn sie im Kreise der engsten Freunde in Eifer geriet oder Gelegenheit hatte, auf intelligente, geistreiche Art an einer lebhaften Diskussion teilzunehmen. Obwohl ich nie eine Klage oder ein unzufriedenes Wort von ihr gehört habe, schien mir, daß sie eine schwere Last trug. Wer damals gesehen hat, was für schwache Nerven sie hatte und von welch zarter Gesundheit sie war, hätte kaum ahnen können, daß sie einmal die Mutter von sechs kräftigen

---

[25]   Elias Lönnrot (1802 – 1884): Finnlandschwedischer Schriftsteller, Philologe und Arzt. Zeichnete die mündlich überlieferte finnische Volksdichtung auf und verfaßte auf dieser Basis das Nationalepos Kalevala (1835; endgültige Fassung 1849) und die Liedersammlung Kanteletar (1840). Damit legte er den Grundstein für eine finnischsprachige Literatur und die Entwicklung einer finnischen Identität. Er gilt nach dem Bibelübersetzer Mikael Agricola als „zweiter Vater der finnischen Sprache" (Anm. d. Übers.).

[26]   Gustaf Renvall (1781 – 1841): Finnlandschwedischer Philologe, Dozent für Finnisch an der Åbo Akademi (Anm. d. Übers.).

Söhnen[27] werden würde und daß sie selbst, nachdem sie Prüfungen ertragen hatte, unter deren Last viele stärkere Personen zerbrochen wären, 72 Jahre alt werden würde." Daß die in Frau Runebergs Seele verborgene Niedergeschlagenheit sich gerade zu jener Zeit immer mehr bemerkbar machte, davon zeugen ihre Briefe. „Ich fühle mich, als würde ich gleichsam durch einen dichten grauen Nebel wandern, der mein ganzes Innenleben einhüllt, es bricht manchmal hervor, um düstere Ahnungen zu wecken, ich bin nicht mehr die Alte." Die Gründe dieser traurigen Stimmung liegen natürlich auf der Hand. Obwohl sie es nirgendwo direkt erwähnt, dürfen wir als sicher annehmen, daß in ihr ein leidenschaftlicher Eifer zum Lernen und schriftstellerischer Tätigkeit erwachte – ausgerechnet in diesen Jahren, in denen sie am wenigsten Zeit hatte, diesen Durst ihres Geistes zu löschen. Außer den vielen Pensionären lebte noch eine Schwägerin im Haus, zeitweise auch zwei[28], und natürlich hatte die Mutter einer nicht begüterten Familie, die sich um so viele Angehörige kümmern mußte, keine Zeit und keine Gelegenheit zu schriftstellerischer Arbeit, jedenfalls nicht in der ersten Zeit, als alles zu Hause erledigt wurde. Aber während ihre Zeit mit hauswirtschaftlichen Arbeiten verging, entwickelte das Zusammensein mit ihrem Mann und seinen Freunden in der Samstagsgesellschaft ihren Geist. Wir wundern uns also nicht, wenn wir hören, daß sie über „die Niedergeschlagenheit eines reichen Geistes und den Kummer darüber, daß ihr die Fähigkeit fehlte", klagte und daß diese Klage um so wehmütiger wurde, je enger sie sich an die genialsten Geister ihrer Zeit anschloß.

Außerdem war ihre Gesundheit sehr schwach, und ihr Gehör verschlechterte sich von Jahr zu Jahr. Wie tapfer sie diese Prüfungen ertrug und wie fest sie ihrem Mann verbunden war, davon zeugt u. a. ein Brief, der auf den fünfzehnten Februar 1838 datiert ist:

„Meine armen Ohren sind fast zu taub. Mir kommt gerade der Gedanke, daß sie sicher angefangen haben, sich mit dem Pietismus zu befassen und sich überlegen, wie sie ein für ihr unbedeutendes Selbst zufriedenes und ruhiges Leben führen können, ohne daran zu denken, daß es ihre Pflicht wäre, für mich nützliche Körperteile zu sein – für meinen Körper, der überhaupt nicht zufrieden wäre, wenn ein Teil anfinge, sich nur noch um seine eigenen Angelegenheiten zu kümmern, sein eigenes Konto einzurichten, seinen kleinen Stolz zu pflegen usw. Das erinnert mich daran, was Du in deinem letzten Brief am Ende erwähnt hast. Diese unsere Zeit weckt so oft wichtige Fragen, daß sie auch in den Briefen der Frauen

---

[27]   Nach dem Tod der Tochter kamen sieben Söhne zur Welt, von denen einer als Kleinkind verstarb: Ludvig Mikael (1835 – 1902), Lorenzo (1836 – 1919), Walter Magnus (1838 – 1920), Johan Wilhelm (1843 – 1918), Jakob Robert (1846 – 1919), Edvard Moritz (1848 – 1851) und Fredrik Karl Runeberg (1850 – 1884) (Anm. d. Übers.).

[28]   Gemeint sind Johan Ludvig Runebergs Schwestern Ulrika Carolina und Maria Mathilda (Anm. d. Übers.).

hervortritt. Nun, warum nicht? Ich möchte, daß diese ‚Verlorenen, die auf direktem Weg ins Verderben gehen', wie Runeberg sehr oft über sie sagt und damit ihren eigenen Lieblingssatz auf die Pietisten bezieht (wenn auch nicht mit jenem Stolz, der all jene abwertet, die nicht gerade unsere Wege gehen, wie ‚sie' es tun) – so wünschte ich wirklich, daß einer von ihnen einmal Runeberg über diese Sache reden hören könnte, wenn er richtig (ja, ich muß dieses Wort gebrauchen) ‚in Fahrt' ist. Aber was würde es helfen? Auf den, der sich absichtlich taub stellt, wirkt es nicht. Hell und klar, als würde ich direkt in Gottes Gesicht sehen, ist für mich unser Glaube in seiner ganzen Wunderbarkeit und Übermaß der Liebe, wenn ich ihn reden höre und die unglücklichen, dunklen, unbedeutenden Lehre, die auf einer falschen Deutung des Wortes der Bibel beruhen, wie Staubteilchen beiseitegefegt werden. Jetzt erst habe ich gelernt, richtig und vollkommen zu begreifen, wie teuer mir mein Mann ist. Welches Licht, welcher sich selbst und die Welt begreifende Geist wohnt in ihm! Es ist wunderbar, zu sehen, wie er alle Nebel lichtet, jedes Zögern vertreibt, wie sich alles aufklärt und erhellt, wenn er zu jedem spricht, der Ohren zum Hören hat."

Zweifellos erleichterte die den Geist ihres Mannes verstehende Liebe Frau Runebergs Alltags, der sonst so voll Arbeit und Sorgen war. Das Jahr 1835 bescherte dem Ehepaar eine große Freude: Ihnen wurde ein Sohn geboren. Obwohl Frau Runebergs Pflichten sich so vergößerten, fand sie trotzdem Zeit, ihrem Mann bei der Zeitungsarbeit zu helfen. Aus ihren Aufzeichnungen der Jahre 1835 bis 1836 sei ein Gedicht mit dem Titel *Det värsta*[29] erwähnt, vier Namenrätsel und eine Reihe von Übersetzungen aus dem Französischen, Englischen und Deutschen. Frau Runebergs Korrespondenz bezeugt, daß sie mit ihrem Mann fleißig die neue Literatur verfolgte. Davon spricht sie manchmal in ihren Briefen, erwähnt mit Interesse soeben erschienene Werke und sagt ihre Meinung dazu.

„Hast Du von Brauns[30] Gedichte gesehen? Seltsam, daß sie in der *Litteraturtidning* nur so klein und versteckt abgedruckt wurden. Nach unserer Meinung ist er einer der besten, die in diesen Jahren hervorgetreten sind. Er versucht immer, seinen eigenen Weg zu gehen, ist nicht wehmütig und weint nicht wie die anderen, wie es heutzutage allgemein üblich ist."

So eine rege literarische Tätigkeit bezeugen Wortspiele und Beschreibungen des Alltagslebens in den Briefen.

---

[29]   „Das Schlimmste" (Anm. d. Übers.).
[30]   Wilhelm August Detlof von Braun (1813 – 1860): Schwedischer Dichter und Schriftsteller (Anm. d. Übers.).

„10. Dezember 1834. Ich muß zugeben, daß ich nicht umhin kann, stolz darauf zu sein, daß zu meiner Familie drei Männer gehören, deren Andenken so geehrt wird wie das von Porthan[31], Chydenius[32] und Tengström (dem Bischof). Dieser Stolz ist eigentlich kindisch, wenn man es näher bedenkt, *mais c'est plus fort que mois*[33], wie Frau Salmberg sagte. Ich schicke Dir eine kleine Schale Preiselbeerbirnen, die ich im Herbst gekocht habe. Ich erinnere mich, daß Du gesagt hast, daß Du sie magst, hoffentlich schmecken sie Dir! Obenauf liegen Beeren, als Schutzschicht für die Birnen, die leicht verderben; diese Schicht Du abtragen. Ich hätte gern auch Sprotten geschickt, aber ich hatte den ganzen Herbst nicht die Ehre, diese Art von Ware zu sehen, geschweige denn, sie zu zu schmecken; dieses Jahr ist in der Sprottenwelt sicher auch ein hartes Jahr der Mißernten."

Im Herbst 1836 wurde den Runebergs ein zweiter Sohn geboren, und danach war die Mutter lange krank und schwach. Im Mai des folgenden Jahres kam der Umzug nach Porvoo, wo Runeberg, wie man weiß, Rektor des Lyzeums wurde und wo die Familie bis zu seinem Tod lebte. Frau Runeberg vermißte ihren in der Hauptstadt zurückgebliebenen Freundeskreis sehr, und anfangs fühlte sie sich an ihrem neuen Wohnort nicht wohl.

„Unser Leben geht hier seinen gewohnten eintönigen Gang", schrieb sie an eine Freundin. „Die Herren besuchen einander eifrig, aber zwischen ihnen und den Frauen hat sich ein großer Graben aufgetan. Natürlich würde ich gern wieder nach Helsinki ziehen."

Den Sommer verbrachte die Familie in Kroksnäs, einem Ort, den Frau Runeberg bald liebte. Auch ihre Seele scheint durch die Reise belebt worden zu sein, die sie ein Jahr nach dem Umzug nach Porvoo machte. Sie besuchten Punkaharju, Imatra, Savonlinna, Sortavala und andere Orte. Sie schrieb darüber:

„Viele Orte, durch die wir gereist sind, haben uns denken lassen, daß Ausländer nicht ganz Unrecht haben, wenn sie sich Finnland als ödes Land vorstellen, dem die Zivilisation fehlt. Wir haben trostlose Gegenden gesehen, die anders sind als die unkultivierten Gegenden von Häme und Pohjanmaa, und noch weniger erinnern sie an unsere kultivierten Küstengegenden. Keine Landwirtschaft, nur hier und da ein verlassenes Schwendland. Die Bauern haben bei der Rodung das Land so verwüstet, daß man auf den ersten Blick oft nichts anderes sieht als ein paar Baumschößlinge, die es mit Mühe geschafft haben, aus der Erde zu kommen, aber

---

[31]   Henrik Gabriel Porthan (1739 – 1804): Finnlandschwedischer Universitätsdozent, Humanist, Fennomane (Anm. d. Übers.).
[32]   Anders Chydenius (<u>1729</u> – <u>1803</u>): Finnlandschwedischer Pfarrer, <u>Politiker</u>, <u>Ökonom</u> und bedeutender <u>Philosoph</u> des klassischen <u>Liberalismus</u>, der die Ideen der <u>Aufklärung</u> verbreitete. Er setzte sich u. a. für die Pressefreiheit ein. Seine Schwester Maria Tengström, geb. Chydenius, war Fredrika Runebergs Großmutter väterlicherseits (Anm. d. Übers.).
[33]   „Aber es ist stärker als ich." (Anm. d. Übers.).

nicht dazu kommen, eine halbe Elle höher zu werden, bevor sie aufs neue abgebrannt werden. Wir haben Imatra gesehen, aber es zeigte sich sicher nicht in seinem Glanz; es hieß, dort gebe es ungewöhnlich wenig Wasser. Imatra kann es kaum an Schönheit mit Kyröskoski aufnehmen, jedenfalls zur Zeit nicht. Nach Runebergs Meinung ist es wie ein Mühlbach, von Riesen geschaffen, aber trotzdem ein Mühlbach. Ein Wunder der Natur – wenig bemerkt, aber unvergleichlich schön – haben wir gesehen, nämlich den Höhenzug Punkaharju in der Nähe von Savonlinna. Verzeih, holde Hebe, aber dazu muß der Höhenzug von Häme ‚Onkel' sagen!"

Die Phasen ihres inneren und äußeren Lebens in den nächsten Jahren zeigen sich am besten in den Briefen an Augusta Lundahl. Aus diesem Grund drucken wir einige Auszüge daraus:

Undatiert. „Wieder ist ein Jahr vergangen. Möge das beginnende Jahr für Dich ein Jahr der reichen Freude sein und eine lange Reihe fröhlicher Kameraden oder eigentlich Nachfolger haben, denn man kann fast sagen, daß jedes Jahr aus dem Schoß des vorigen geboren wird. Ich wünsche Dir Zufriedenheit, Freude und Frieden, sowenig Sorgen wie möglich, aber ich verstehe mich nicht auf ‚die weißen Taubenflügel der Ruhe' oder ähnliche schmückende Reden, wie ich sie in irgendeinem Brief gelesen habe. Du mußt Nachsicht haben – es ist meine Alltagssprache auf Papier gebracht."

„20. September 1837. Du kannst Dir nicht vorstellen, was für ein Leben ich hier führe – abgeschnitten von der Außenwelt. Du begreifst, daß ich die literarische Welt meine, denn die wissenschaftliche und die politische Welt interessieren mich so wenig, daß ich nicht einmal einen Blick auf die Zeitungen werfe, die mir helfen könnten, aus meiner vollkommenen Unwissenheit in bezug auf das Zeitgeschehen herauszukommen. Das Leben an diesem Ort kann ich noch nicht richtig beurteilen – aber das Gefühl der Unbefangenheit, das entsteht, wenn man seine Worte nicht sorgfältig wählen muß, weil man sicher sein kann, daß die anderen einen nicht falsch verstehen – das vermisse ich sehr, da ich obendrein zu den Menschen gehöre, denen es immer schwerfällt, mit Fremden zusammenzusein. Ob Runeberg sich wohlfühlt oder nicht, kann ich nur schwer sagen. Natürlich vermißt er vieles, und um zu begreifen, wieviel er zu vermissen hat, muß man nachfühlen, wie er mit Herz und Seele an dem wirklich ungewöhnlich kultivierten, sich weiterbildenden Geist der jungen Männer hing, mit denen er in Helsinki zu tun hatte. Aber trotzdem ist er insofern glücklich, als alle Menschen und alle Tätigkeiten sein Interesse wecken. Er sagte einmal zu mir: ‚Ich habe das Gefühl, daß ich hier viel schreiben könnte, denn in meinem Geist liegt soviel bereit, das ich schreiben möchte, und du weißt, daß ich nie im Sommer schreibe, sondern nur im Winter – und das Leben hier ist auf seine Art ein Winter.' Ich denke aber nicht, daß wir beide eigentlich unter dem leiden, was man Heimweh nennt. Unser Zuhause ist schön, die Kinder sind meistens gesund und brav, ich jedenfalls bin so zufrieden und fröhlich, daß diese Zeit zweifellos ein Lichtblick in meinem Leben ist."

„15. Mai 1838. Dort war heute abend Mamsell ***, jene schöne Zwillingsschwester von Runebergs *Hanna*[34]. Anmutig wie ein Engel, ein bißchen ungestüm, unsagbar geschmeidig in ihren Bewegungen. Jede einzelne Geste verkündet: ‚Oh, wie herrlich ist es, schön zu sein!' – aber auf eine so anmutige und kindlich natürliche Art, daß es einen kein bißchen stört. Sie ist wie gesagt Hannas exaktes Abbild. Ich mag sie so sehr, daß ich sie in die Arme nehmen und an mich drücken möchte. Sie erinnert ein wenig an *Azouras*[35], aber noch mehr an *Hanna*."

Ein auf den 11. November 1838 datierter Brief endet mit den Worten: „Runeberg sitzt in seinem Zimmer und beaufsichtigt einige Schuljungen, die – wie gewöhnlich am Sonntag – zum Nachsitzen verurteilt sind."

Am vierundzwanzigsten Januar 1839 erzählt sie von der Geburt eines kleinen Sohnes.

„Runeberg hätte ihn gern Jonas genannt, nach Almqvist[36]. Als die Sache entschieden wurde, zog ‚Jonas' den kürzeren."

Ihre Gesundheit war weiterhin schwach. Am vierten Januar 1841 schreibt sie:

„Mein ganzes Innenleben ist so gelähmt, daß mich nichts richtig begeistern kann. Oft möchte ich weinen, ohne zu wissen, warum. Das ist die Undankbarkeit des Menschen, der in so glücklichen Verhältnissen lebt wie ich – aber vier Monate Gefangenschaft im Bett, das allein lähmt schon den Geist, vor allem im Verein mit dieser elenden Kraftlosigkeit, die mich quält. Ich kann auch keine Musik mehr hören, es strengt mich so an, daß ich nach einer Minute ganz krank bin."

„11. Januar 1841. Übrigens – was hältst Du von dem Roman *Murgrönan*[37]? Schriftstellerinnen scheinen wie Sängerinnen zu sein: Die, die etwas können, lassen sich endlos bitten und bleiben dann stumm, und die, die am wenigsten können, trällern, ohne gebeten worden zu sein, obwohl sie lieber still sein sollten. Meine *Nunna*[38]? Die ist im

---

[34]   *Hanna* ist ein idyllisches Gedicht von Johan Ludvig Runeberg (Anm. d. Übers.).
[35]   Azouras Lazuli Tintomara: Hauptfigur in Carl Jonas Love Almqvists Werk *Drottningens juvelsmycke*. Azouras ist eine androgyne Gestalt, in die sich sowohl Männer als auch Frauen verlieben, die aber keine dieser Gefühle erwidern kann (Anm. d. Übers.).
[36]   Carl Jonas Love Almqvist (1793 – 1866): Schwedischer Schriftsteller und Komponist. Feminist und Sozialreformer, der aufgrund seiner Arbeiten von der Kirche als gefährlicher Revolutionär verdammt wurde. Almqvist wurde wegen Mordes angeklagt – er sollte den Wucherer Jakob von Scheven mit Arsen vergiftet haben. Ob die Vorwürfe berechtigt waren, läßt sich heute nicht mehr feststellen. Almqvist floh in die USA, kehrte nach Europa zurück und starb 1866 in Deutschland (Anm. d. Übers.).
[37]   *Murgrönan* („Der Efeu") von Fredrika Wilhelmina Carstens (1808 – 1888) ist der erste Roman, der in Finnland veröffentlicht wurde (1840 in schwedischer Sprache). Das Werk war lange Zeit in Vergessenheit geraten und wurde erst 2007 ins Finnische übersetzt (Anm. d. Übers.).
[38]   Sie meint die Novelle *Den unga nunnan*, die wir zuvor erwähnt haben (Anm. d. Verf.).

Morgonbladet des Jahres 1833 erschienen und wäre nie dorthin oder in irgendeine andere Zeitung gelangt, wenn nicht Runeberg Füllmaterial für die Spalten gebraucht hätte. Ich half ihm zu jener Zeit, indem ich Übersetzungen für die Zeitung anfertigte, und so konnte er auch ein paar kleine Novellen in die Zeitung bringen, die ich dann schrieb und die Länge so anpaßte, wie es die Spalten der Zeitung erforderten. Ich glaube, daß ich Dir gegenüber manchmal etwas davon erwähnt habe; Du hättest sonst kaum gehört, daß ich es geschrieben habe. Denn ich denke, daß Runeberg der einzige ist, der davon weiß. Ich möchte trotzdem, daß Du niemandem etwas davon sagst. Ich lebe mein ruhiges Leben und kann und will keine Aufmerksamkeit erregen, obwohl ich manchmal zu meinem Vergnügen ein Bild aufs Papier bringe, jetzt häufiger als früher. Das gesellschaftliche Leben hat wegen meiner Taubheit viel von seinem Reiz verloren, und ich muß auf irgendeine Weise ausdrücken, was in meinem Geist vor sich geht. Meine graue Tüte ist mein Publikum, manchmal, aber sehr selten, auch Runeberg. Häufiger verschlingt ein sehr begeistertes Publikum meine literarischen Erzeugnisse, nämlich das Feuer – oder, fast genauso gierig – die Hände meiner kleinen Jungen, die aus ihnen Blumen, Schachteln, Männer und Frauen machen."

„21. Juni 1843. Wenn die Gesundheitswasser-Kur abgeschlossen ist, setzt Hebe ihre vier Flügel in Bewegung und fliegt auf direktem Weg nach Kroksnäs – oder auch in die heilige Stadt Porvoo. Wenn ich vorher von Deiner Ankunft weiß, dann lege ich meine Arbeit beiseite, um mich ein wenig aus diesem Kokon herauszuwinden, den hauswirtschaftliche Tätigkeiten und tausend Nadeln um die Mutter der Familie weben. Hast Du Aimé Martins[39] Buch ‚Über die Erziehung der Mütter der Familie' gelesen? Ich lese es gerade. Ein Franzose ist ein Franzose, ob er nun St. Julien, Lamartine[40] oder wie auch immer heißt, sei er unbekannt oder im ganzen Land berühmt, seine Natur ändert er nicht. Manchmal ist dieser Aimé Martin besonders schön. Die Feder zittert in meiner Hand wie Espenlaub, und die Gedanken landen in Fetzen auf dem Papier, aber auch dann kann ich nicht aufhören. Ich denke, daß diese sogenannte ‚Langsamkeit' etwas ist, das, wenn es einmal in Bewegung gekommen ist, es nicht mehr anhalten kann, wenn nicht ein Hindernis es dazu zwingt. Du kannst Dir nicht vorstellen, welche Faulheit der Gedanken mich zur Zeit quält und welche Trägheit und Schlaffheit sich meines Daseins bemächtigt haben."

---

[39]   Aimé Martin (1781 – 1844): Französischer Schriftsteller (Anm. d. Übers.).
[40]   Alphonse Marie Louis Prat de Lamartine (1790 – 1869): Französischer Dichter, Schriftsteller und Politiker. In Frankreich gilt er bis heute als bedeutender Vertreter der Romantik, im deutschsprachigen Raum ist er kaum bekannt (Anm. d. Übers.).

Nachdem sie von Augusta Lundahls Verlobung mit Wallenius, dem Propst von Pirkkala, erfahren hat, schreibt Frau Runeberg am fünfzehnten Dezember 1843: „Wir werden also nie mehr ‚Augusta Lundahl' bei uns sehen! Möge Augusta ihren neuen Namen mit Freude tragen! Ja, willkommen in der Gesellschaft, ich als alte Pfarrersmutter habe allen Grund, Dich zu begrüßen!"

„8. Februar 1844. Sicher wird viel Zeit vergehen, bis ich mich an Deinen neuen Namen gewöhnt habe, der zweifellos in Deinen Ohren besonders bekannt klingt. Aber es ist nicht leicht, sich eine Person in neuen Verhältnissen vorzustellen – viel leichter ist es, sich daran zu gewöhnen, sie in diesen zu sehen. Nun warte ich auf einen Brief von Dir. Wenn man einen ganzen Monat verheiratet ist, ist schon Zeit, sich an alte Freunde zu erinnern. Ich sage ‚einen ganzen Monat', denn es ist bemerkenswert, wie lang die ersten Wochen nach einem wichtigen Ereignis einem vorkommen. Ich erinnere mich, wie ich es zwei Wochen nach unserer Hochzeit seltsam fand, daß wir erst seit zwei Wochen verheiratet waren. Wirklich, ich denke, daß diese dreizehn Jahre nun in der Erinnerung nicht viel länger erscheinen."

„15. April 1845. Ich bin gesund und munter, ich könnte fast sagen, daß ich ‚besser bin als früher', so wie Lemminkäinen[41]. Glaube aber nicht, daß ich eine radikale Fennomanin[42] bin, obwohl ich zufällig Lemminkäinen erwähnt habe, aber ich habe gerade heute abend etwas auf Finnisch gelesen, und noch dazu *Kalevala*[43]. Wir sind hier einige, die sich einmal in der Woche versammeln, um Finnisch zu lesen und zu reden. Das Sprechen ist wirklich meistens nur Gestammel, aber das Lesen geht gut voran. Heute abend neun Seiten. Erinnerst Du Dich, daß ich früher fleißig Finnisch gelesen habe? Einfachere finnische Sprache beginne ich schon zu verstehen, aber um *Kalevala* zu lesen, muß ich Zuflucht bei Castréns[44] Übersetzung suchen. Es ärgert mich ein wenig, daß die Leute glauben, ich würde mit der Sache beschäftigen, weil es ‚modern' ist (wie sollte ich es sonst nennen?), aber diese unsere Gesellschaft ist nicht aus einer Augenblickslaune heraus entstanden: Wir haben schon vor zwei Jahren beschlossen, sie zu gründen. Wenn es etwas geben könnte, das in mir Haß auf das

---

[41] Lemminkäinen: Figur aus *Kalevala* (Anm. d. Übers.).
[42] Fennomanen: Befürworter der Stärkung der finnischen Sprache, Ggs.: Svekomanen (Anm. d. Übers.).
[43] *Kalevala:* Finnisches Nationalepos ist ein von Elias Lönnrot im 19. Jahrhundert auf der Grundlage von mündlich überlieferter finnischer Mythologie zusammengestelltes Epos. Es gilt als finnisches Nationalepos und zählt so zu den wichtigsten literarischen Werken in finnischer Sprache. Das *Kalevala* trug maßgeblich zur Entwicklung des finnischen Nationalbewußtseins bei und hat auch über Finnland hinaus Wirkung entfaltet. Die erste Fassung des Werkes erschien 1835. Der Titel ist abgeleitet von *Kaleva*, dem Namen des Urvaters des besungenen Helden, und bedeutet so viel wie „das Land Kalevas". Der Standardtext des *Kalevala* besteht aus 22.795 Versen, die in fünfzig Gesängen vorgestellt werden (Anm. d. Übers.)
[44] Matthias Alexander Castrén (1813 – 1852): Finnlandschwedischer Philologe und Ethnologe, gilt als der Begründer der wissenschaftlichen Beschäftigung mit den uralischen Sprachen. Castrén war verheiratet mit Lovisa Natalia Tengström, einer Verwandten Fredrika Runebergs (Anm. d. Übers.).

Finnische weckt, dann wäre es sicher jener widerwärtige Streit und Lärm im Stil der Saima-Zeitung[45]. Es ist auch wirklich traurig, zu sehen, daß andere eine Sache, die einem selbst heilig ist, wie ein aufsehenerregendes Schauspiel betreiben – besonders, weil die Folge all dessen nur sein kann, daß der Aufruhr die Sache verdirbt, die die Schreihälse voranbringen wollen, wie es nun der Fall ist. Aber mit Geschrei überwindet man in diesen Zeiten nicht die Mauern von Jericho, und noch weniger erbaut man mit Radau etwas Großes und Schönes – etwas, das still im Schutz von Gottes Hand im Wandel der Jahrhunderte wachsen muß."

„12. Mai 1846. Als ich gerade dabei war, alte Briefe zu sortieren, kam ich dazu, viele Deiner Briefe von früher zu lesen. Meine Liebe, mich überkam eine solche Sehnsucht, daß ich alles stehen- und liegenlassen und Dir schreiben mußte. Die Erinnerung an alte Zeiten lebte auf, ich sah es vor mir, wie wir zusammen in dem großen Schaukelstuhl saßen und uns kaum trauten, die Tür zu der dunklen Kammer zu schließen, während Runeberg Deinen Bruder nach Hause brachte, auf den die Diskussionen über Geister und Gespenster genauso tiefen Eindruck gemacht hatten wie auf uns, weshalb er es nicht wagte, allein am Friedhof vorbeizugehen. Wer entgeht schon den Leiden dieser Welt? Leider muß man fast immer, wenn man an ferne Freunde und Angehörige denkt, sicher sein, daß sie gerade eine Sorge drückt. Ach, wie ich die frische Luft vermisse! Den ganzen Winter habe ich es nur selten geschafft, aus dem Haus zu gehen. Vom gesellschaftlichen Leben habe ich mich ganz entfremdet, und es kommt mir seltsam vor, daß ich allmählich wieder anfange, unter Menschen zu gehen. Man muß trotzdem darauf achten, daß man sich nicht ganz und gar im Kinderzimmer einschließt, sonst kann man sich zuletzt auch nicht mehr an den eigenen Kindern freuen. Ich habe solche Eremiten-Mütter gesehen, und das ist nicht erstrebenswert. Aber man muß erkennen, daß es eine echte Willensanstrengung erfordert, unter Menschen zu gehen."

Nach und nach wuchs die Kinderschar der Familie. Was Frau Runeberg von den Freuden und Leiden einer Mutter empfand, bezeugen ihre folgenden Worte, als einer Freundin ein kleines Mädchen geboren worden war:

„6. September 1850. Ach, Du Glückliche, Du bist so weit gekommen! Ich bin ein armes Ding, das, so oft ich es auch durchgemacht habe, trotzdem jedes Mal diesen schweren Moment mit Angst und Schrecken erwartet, die sich nicht beschwichtigen lassen und die mir jeden einzigen Augenblick verbittern."

„24. Mai 1856. Ich war froh, als ich an der Überschrift Deine Handschrift erkannte. Als Dein Brief ankam, war ich gerade dabei, Zitronenpudding anzurühren und konnte die Arbeit nicht

---

[45] Die Zeitung *Saima* erschien in Kuopio von 1844 bis 1846. Herausgeber war Johan Vilhelm Snellman. Die Zeitung erschien in schwedischer Sprache, doch in den Beiträgen wurde die Förderung des Finnischen gefordert (Anm. d. Übers.).

unterbrechen, obwohl ich den brennenden Wunsch hatte, Deinen Brief zu lesen. Wer wie ich schon vorher soviel Arbeit und Sorgen hatte, daß er sich unfähig fühlt, auch nur den kleinsten Teil seiner Pflichten zu erfüllen, würde eigentlich nicht wünschen, die Kinderschar noch weiter zu vergrößern – besonders, wenn man wie ich während der ganzen langen Wartezeit so krank und bewegungsunfähig ist – kläglich, faul – unerträglich, um es mit einem Wort zu sagen. Aber dessen ungeachtet sind die kleinen Kinderchen trotzdem so unsagbar lieb, daß wir sie auf keinen Fall verlieren wollen, wenn wir sie erst einmal haben."

Im gleichen Brief schreibt sie über das tägliche Leben:

„Ich verbringe die meiste Zeit zu Hause, wo ich meiner Meinung nach ein bißchen bin wie eine ‚frühere Alte', die betrunken unter dem Tisch liegt und jammert: ‚Hier muß ich herumkriechen und komme doch nicht von der Stelle'. Ich denke wirklich, daß ich fleißig bin, aber dann habe ich wieder das Gefühl, daß ich mit meinen Arbeiten nie fertig werde – es tauchen sofort neue auf, sobald ich es schaffe, die vorigen beiseitezulegen. Einige Jahre lag alle schriftstellerische Tätigkeit vollkommen brach, aber ich vermißte sie trotzdem sehr, mehr als ich ertragen konnte, und dann habe ich dank Runebergs Ermunterung wieder manchmal, wenn ich an einem Sonntagabend allein war, ein bißchen geschrieben. Es ist mir eine Erfrischung, denn man wird zu sehr eine Martha[46], wenn man anderen Menschen nie seine Gedanken mitteilen darf. Und ich versinke vor allem sehr leicht in den einseitigen Sorgen der Martha wegen meines schlechten Gehörs, das mich hindert, mein inneres Dasein zu heilen durch eine Luftveränderung, die die Teilnahme am gesellschaftlichen Leben mit sich bringen würde."

Immer noch tauschen die Freundinnen ihre Gedanken über literarische Fragen aus. Am fünfzehnten Juni 1852 schrieb Frau Runeberg unter anderem:

„Ich hasse dieses nach französischer Art gemachte Ragout, nach der man alles formt, was man schreibt: Die Dinge hängen wie auch immer zusammen, und so müssen sie dann auch kleingehackt und zerbröselt werden und verstreut werden, z. B. so: Ich ging hinaus, um spazierenzugehen. Draußen war Frühling. Augusta war sicher ein bißchen wie der Frühling. Wahrscheinlich, weil ich mich so lebhaft an sie erinnere. Ich mußte in Gedanken ein wenig mit ihr reden usw."

Mit Herzblut und etwas scherzhaft beschreibt sie ihre schwache Gesundheit und die Unannehmlichkeiten, die sich dadurch ergeben.

„Ich bin dick und schwerfällig und werde schnell müde. Ich finde es sehr schwer, daran zu denken, daß ich alt und ungeschickt bin, und so versuche ich noch manchmal, tätig zu sein

---

[46] Martha: Gestalt aus dem Lukasevangelium, die als sehr arbeitsame Hausfrau und Gastgeberin beschrieben wird (Anm. d. Übers.).

wie früher, muß aber immer bald wieder aufhören, weil ich nicht mehr kann, und dann schäme ich mich hinterher."

In den 1850er Jahren – etwa ab 1856 – erschien im *Litteraturblad* unter dem Pseudonym a-g eine Serie kleiner Schreibereien, deren Autorin Frau Runeberg war. Es waren eigentlich Dichtungen ohne Reim, leichte, geistreiche, traurige – manchmal enthielt das Bild auch ein bißchen Bitterkeit oder Verspieltheit. Später erschienen sie in Buchform unter dem Namen *Teckningar och Drömmar*[47].

Die Hauptmelodie dieser Werke ist Mitgefühl gegenüber den Leidenden, den Schwachen und den Vergessenen. Die Autorin beschreibt ein geduldiges Haustier, das vom Besitzer gequält wird, ein Blümchen, das von einer unachtsamen Hand gebrochen wird und in der Hitze des Tages vertrocknet, eine in Einsamkeit vergossene Träne, der verborgene Schmerz der stillen Dulderin – sie vergisst nichts, sie denkt an alle Formen des Leidens, sogar die Seufzer der unbelebten Natur scheint diese Frau, deren Mitgefühl geschärft ist, zu spüren. Man möchte sagen, daß dieses Buch wirklich weiblich ist, denn es beschreibt alle Vergessenen, oder vielleicht sollte man besser sagen, es ist zutiefst menschlich. Die Autorin hat, wie in der ersten Erzählung mit dem Titel *Aikyn*, „verborgene Tränen gesucht, die, ohne daß es jemand bemerkt hat, auf die Erde gefallen sind – sowohl die, die im Land des ewigen Schnees als Eisperlen gefroren sind, als auch die, die brennend heiß in den Sand des Südens fallen." Aber vor allem hat sie "alle Tränen aus der Tiefe des Herzens der Frau gesucht und gesammelt."

Diese Eigenschaft ist auch die größte Bedeutung dieses Buches. In Erzählungen namens *Kamtschadalens hustru*[48], *Indianens qvinna*[49], *Odalisken*[50], *Hildred, Kuhinanuis dotter*[51], *Qvinnan på Tongatabu*[52], *Salik Sardar Khans maka*[53], *Simrith* und *Aikyn* beschreibt die Autorin das harte Schicksal der Frau in Gegenden, in denen Polygamie betrieben wird, aber auch die schmerzliche Unterordnung unter die Macht des Mannes und der Mangel an Freiheit, worunter Frauen auch in der Mitte zivilisierter Völker noch leiden. In schöner Sprache und mit einer Beschreibungskunst, die so herrlich rein ist, daß der Leser an das Spiel von Schmetterlingen inmitten von Blumen denkt, erzählt die Autorin von Amulamela, der Frau des Kamtschadals, die freiwillig dem reichen Tummi dient, damit ihr eigener Mann dessen Tochter, Shachin, zur Frau bekommt; von der Indianerfrau, die, obwohl ihr Mann sie wegen ihres Alters verlassen hat, ihm trotzdem heimlich auf Feldzügen folgt und Gift aus einer

---

[47] „Zeichnungen und Träume" (Anm. d. Übers.).
[48] „Die Frau des Kamtschadalen" (Anm. d. Übers.).
[49] „Die Indianerfrau" (Anm. d. Übers.).
[50] „Die Odaliske" (Anm. d. Übers.).
[51] „Kuhinanuis Tochter" (Anm. d. Übers.).
[52] „Die Frau auf Tongatabu" (Anm. d. Übers.)
[53] „Salik Sardar Khans Frau" (Anm. d. Übers.).

Wunde saugt, als der vergiftete Pfeil eines Feindes in seinen Körper eingedrungen ist, von Vali, der Haremssklavin, die hinter dem Eisengitter des Harems einen weißen Mann segnet, den sie zu lieben gelernt hat, als dieser Mann als Kriegsgefangener bei ihrem Volk im Kaukasus war; von einer Araberfrau, die gehorsam in die Wildnis wandert, um heilende Kräuter zu holen und damit den Lieblingshund und das Pferd ihres Mannes zu heilen, obwohl Edelwild und die Tiger ihr heulend folgen und die als Lohn für ihre Treue die neue Frau ihres Mannes in ihrem Zelt empfangen und ihre Sklavin werden muß, über die Frau auf Tongatabu, die zum Tode verurteilt wird, weil sie den Göttern geweihte Kokosnüsse stiehlt und mit deren Milch ihren Mann rettet, der zu verdursten droht.

Aikyn ist eine junge Samojedenfrau[54]. Als Vierzehnjährige wird sie an den schieläugigen Mirgàn verkauft, der ihr zum Essen abgenagte Knochen vorwirft. Als ein Gast ihn bittet, der Frau keine Last aufzubürden, die zu schwer für sie ist, antwortet der Mann hochmütig: „Wozu hätte ich mir eine Frau genommen und für sie einen teuren Preis bezahlt – dreißig Rentiere –, wenn nicht, um jemanden zu haben, der Holz und Wasser trägt und meine Arbeit macht? Eine Frau ein Mensch? Uh, ein dreckiges Tier!"

Als der Gast Aikyn bedauert, antwortet sie: „Bist du nicht von einer Frau geboren, gibt es in deinem Land keine Frauen, weil du mich bedauerst? Ich bin doch nicht schlechter dran als andere Frauen, so ist unser Schicksal. Es kommt daher, daß die Frau schwach ist, daß sie schlecht ist. Num hat sie so erschaffen. Ein Rentier darf nicht darüber klagen, daß der Mensch es quält, ein Waldhuhn darf nicht klagen, daß es in einer Schlinge gefangen wird, und eine Frau darf nicht klagen über ihr Sklavendasein. So ist es vorgesehen."

Der Gast will Aikyn mit in sein eigenes Land nehmen und verspricht ihr dort hellere Tage, aber Aikyn ist nicht einverstanden. Sie sagt:

„Unser Stamm erzählt eine alte Geschichte: Es war einmal ein weiser Mann, sein Name war Urier. Er war weiser als alle anderen. Aber seiner Meinung nach war die Erde schlecht, und er sehnte sich danach, in den Himmel zu kommen. Urier rief seine beiden Frauen zu sich und befahl ihnen, neue Kleider für sie alle zu nähen und neue Geschirre für die Rentiere zu machen. Nichts Altes durfte mitgenommen werden. Urier stieg in seinem Schlitten in die Höhe, und die Frauen stiegen auch in ihre Schlitten. Die Rentiere zogen sie in Richtung Himmel. Aber Urier bemerkte, daß das Rentier seiner jungen Frau es nicht schaffte, aufzusteigen, und der Schlitten begann, zur Erde zu sinken. Urier fragte nach dem Grund, und die Ehefrau antwortete: ‚Ich habe an mein Kleid ein Band genäht, das ich aus der Windel eines Kindes genommen habe. Das zieht mich zur Erde. Laß mich zurückkehren.' Urier ließ

---

[54]   Samojeden: Veraltete Bezeichnung für das in Rußland ansässige Volk der Nenzen (Anm. d. Übers.).

sie auf die Erde zurückkehren, aber die zweite Ehefrau stieg mit ihm in die Klarheit des Himmels auf, fuhr dort mit starken Rentieren und litt nie einen Mangel, denn dort gab es reichlich Wildbret und alles mögliche Gute. Fremder, du bist weise wie Urier. Freund, bei dir wäre die Seligkeit des Himmels. Aber in Aikyns Gewand befindet sich das Band aus der Windel eines Kindes, sie kann dir nicht folgen."

Es ist, als hätte die Autorin in dieser vergleichenden Erzählung darauf hinweisen wollen, daß eine Frau es meistens schafft, Leiden zu ertragen – seien sie geringfügiger oder schwerwiegender Natur – , weil sie an dem „Band aus der Windel des Kindes" hängt. Mutterliebe und mitleidige Zärtlichkeit gegenüber dem Kind, das nicht aus eigenem Willen auf die Welt gekommen ist und das keinen Schutz hat als den Schoß der Mutter, bestimmen ihr Handeln. In dieser Erzählung wird auch jener blinde, unterwürfige Glaube, daß „so etwas das Schicksal der Frau ist", beschrieben, der das Charakteristikum der in unzivilisierten Verhältnissen lebenden Frau ist und der sich als schwacher Nachhall in der Geduld zeigt, mit der die zivilisierte Frau ihre Bürde trägt.

In der Erzählung *Hvad skall den gamla?*[55], die eigentlich ein Gedicht ohne Reim ist, wird ein Thema behandelt, das man in der Literatur kaum irgendwo antrifft außer in Mathilda Roos'[56] Erzählung *Mormor*[57]. Darin sieht man die wehmütige Bitterkeit in einer Frau, deren Herz noch mit jugendlicher Begeisterung glüht, die aber trotzdem beiseitegeschoben wird, weil sie „alt" ist – sie ist keine junge Frau mehr.

„Was ist eine alte Frau? Ein Dorn im Auge, ein Klotz am Bein? Wie könnte ein alter Mensch Freude machen? Er muß schweigen, er muß verschwinden. Am meisten Freude macht er, wenn ihn keiner bemerkt. Warum will auch die Alte leben, warum hat auch sie Gefühle, warum will sie den Kopf aus der Tür stecken? Von dort ertönen fröhliche Gespräche, dort erklingt munteres Lachen. Die jungen Männer reden eifrig über die großen Träume des Lebens, über alles Schöne und Wunderbare. Die alte Frau soll nicht hingehen und den jungen Leuten die Freude verderben. Still, still, du bist eine alte Frau, schlaf, schlaf, gute Nacht!"

Am bemerkenswertesten von all diesen Zeichnungen und Träumen ist sicher *Facetter af qvinnans lif*[58]. Darin erscheint eine so moderne Sichtweise, ein so deutlicher Begriff von den Schwachpunkten der Stellung der Frau, daß man glauben würde, es sei in unseren Tagen geschrieben worden.

---

55   Schwed. „Hvad skall den gamla?": „Was wird aus der Alten?" (Anm. d. Übers.).
56   Mathilda Roos (1852 – 1908): Schwedische Schriftstellerin und Frauenrechtlerin, behandelte in ihren Werken „verbotene" Themen (z. B. gleichgeschlechtliche Liebe) (Anm. d. Übers.).
57   „mormor": Schwedisch für „Großmutter mütterlicherseits" (Anm. d. Übers.).
58   „Facetten aus dem Leben der Frau" (Anm. d. Übers.).

Eine Gruppe von Frauen ist versammelt. Sie hören sich eine Erzählung der alten Witwe des Glasermeisters an. Ihr Vater war Damenschneider in Turku, das letzte lebende Mitglied seiner Zunft. Aber eine neue Zeit bringt neue Sitten, und die mittellosen feinen Damen der Stadt begannen, Frauenkleider zu nähen. Sie verlangten für die Arbeit nur ein Drittel dessen, was der Schneider genommen hatte, und die Leute fingen an, ihre Kleider bei ihnen machen zu lassen.

Das ärgerte den alten Damenschneider sehr. Als seine Tochter „in ihrem Unverstand" darum bat, der Vater möge sie lehren, Kleider zu nähen, polterte der Alte: „Du, du, mein eigen Fleisch und Blut! Niemals, so wahr ich in meinem eigenen Haus das Sagen habe, sollen Weibsleute sich in die Aufgaben der Männer drängen."

Das Mädchen wurde in irgendeine Mädchenschule geschickt, lernte dort „Oui madame" und „Dieu vous bénisse" zu sagen, machte das ganze Jahr Stickarbeiten, und „dort war eine Mamsell, zu der die Lehrerin Lotta sagte, und sie weinte an einem Grab, das als das Grab ihres Geliebten, Werther, bezeichnet wurde."

Als Turkus Näherinnen ein Gesuch an den Senat richteten, daß er ihnen gnädig das Recht gewähren möge, Frauenkleider zu nähen, und die Bitte bewilligt wurde, war der alte Schneider wütend. „Wenn die Weibsleute anfangen, uns das Brot aus dem Mund zu nehmen, dann werde ich ihnen schon zeigen, daß es noch Recht und Gesetz im Land gibt."

Er kaufte einen Bauernhof, damit die Kinder „nach dem Gesetz des Landes" erben würden, also die Söhne sechs Teile bekommen würden und die Tochter den siebten. Der Schulbesuch der Jungen kostete viel, weshalb beim Tod des Vaters vom Eigentum nicht mehr viel übrig war. Wovon sollte das Mädchen leben? Mit Französisch und Stickerei konnte sie kein Brot verdienen, und ihre Augen waren so schwach, daß aus ihr keine gute Näherin geworden war. In dieser Arbeit hätte sie ständig schuften müssen, wenn sie davon leben wollte.

Schließlich heiratete sie einen Glasermeister. Am Anfang ging es gut, aber der Mann begann zu trinken, und sowohl die Frau als auch die älteste Tochter, die nach und nach den Beruf des Glasers gelernt hatten, mußten das Geschäft allein führen. So wäre es auch gegangen, wenn nicht der Mann in seinem Rausch ständig die Glasscheiben zerschlagen hätte. Bei seinem Tod war die Familie voller Sorge, denn die Witwe durfte das Geschäft nicht führen, weil sie eine Frau war und der Geselle verlangte zu hohen Lohn. Schließlich traf die Witwe einen alten, zügellos lebenden Glasermeister, der sich bereiterklärte, „dem Namen nach" Vorsitzender des Geschäfts zu werden und als Lohn nichts verlangte außer Alkohol, Essen und Kleidern. Als dieser starb, war der Magistrat damit einverstanden, daß der zwölfjährige Sohn der Witwe im Arbeitsregister als Besitzer des Geschäfts eingetragen wurde. „Und er war so gut zu mir und und seinen Schwestern", schloß die Witwe ihre Erzählung, „daß er uns alle von dem leben ließ, was wir in der Werkstatt verdienten."

Nachdem die Witwe des Glasermeisters gegangen war, setzten die Frauen ihre Diskussion fort, und so erfuhren wir das Schicksal einer jeden. Eine in der Gruppe hieß Cecilia, und ihr Vater war zu seiner Zeit ein gelehrter Chemieforscher gewesen war. Cecilia hatte in ihrer Jugend ihrem Vater im Laboratorium geholfen. Zuletzt beherrschte der Wunsch nach Forschung ihren Geist so sehr, daß sie eine wissenschaftliche Abhandlung über einige chemische Beobachtungen schrieb, die sie selbst gemacht hatte. Als der Vater gelesen hatte, was seine Tochter geschrieben hatte, umarmte er sie mit dem Ausruf: „Ach, warum bist du kein Junge!"

Dieser Vorfall weckte die Sorge des erschrockenen Vaters und veranlaßte ihn zu der Bemerkung, „daß er seine Tochter nicht richtig erzogen habe". Wie um seinen Irrtum wiedergutzumachen, schickte er seine Tochter in eine Mädchenschule. Nachdem Cecilia von dort zurückgekehrt war, sagte ihr Vater: „Nun, mein kleines Mädchen, mußt du lernen, Brei zu kochen!" Cecilia kochte sowohl Brei als auch andere Gerichte, blieb aber trotzdem unverheiratet. Nach dem Tod des Vaters fand man eine chemische Abhandlung, die das Mädchen in seiner Jugend geschrieben hatte. Da Cecilia oft für ihren Vater Notizen gemacht hatte, hielt man es für eine Arbeit des verstorbenen Wissenschaftlers. Es wurde gedruckt und weckte große Aufmerksamkeit. Die Sachverständigen priesen die Bescheidenheit des Verstorbenen, weil er eine wichtige chemische Entdeckung geheimgehalten hatte. Cecilia las und hörte alles, was in ihren Untersuchungen gesagt wurde. Aber obwohl es sie freute, hielt sie die Schöpferin streng geheim, denn sie fürchtete sehr, den Namen „Blaustrumpf" zu bekommen. Sie strickte immer noch Strümpfe, trank Kaffee und verdrängte ihre Sehnsucht jedes Mal, wenn sie wieder anfing, ihre frühere Beschäftigung mit Chemie zu vermissen.

Amelie hatte einen Haushalt und Kinder, und sie hatte ihrer Meinung nach keine Zeit zum Lesen. Sie ließ nicht „die Soße überkochen" wegen der Bücher, sie gab allen Almosen, die in ihre Küche kamen, aber sie mischte sich nicht in die Dinge der Versehrtenpflege ein, indem sie „in Frauenvereine rannte", und aus diesem Grund hatte sie an den meisten Tagen der Woche Besuche zu machen oder Gäste zu empfangen. „Denn der Mensch ist doch kein Sklave, und wenn eine Frau sich nicht in Dinge mischt, die sie nichts angehen, dann ist sicher Zeit zum gesellschaftlichen Leben."

Aurora wiederum machte Reliefstickerei – fast nur Reliefstickerei. „Ich habe einen kleinen Haushalt, der mich für gewöhnlich zwei Stunden Arbeit am Tag kostet. Mein Mann ist den ganzen Tag im Amt. Manchmal lese ich abends Romane, denn Gottes heller Tag ist mir dafür zu schade, und schwierigere Lektüre kommt natürlich nicht in Frage, die ist nichts für Frauen. Manchmal mache ich Besuche, aber auch das fühlt sich leer an, und dann mache ich wieder Reliefstickerei, und Sie wissen ja, daß ich sehr schöne Kragen habe."

Augusta wiederum gerät immer ins Träumen, wenn sie ihre Arbeit macht. In Gedanken schmiedet sie wundervolle Verse – an der Wiege, bei der Handarbeit und beim Kochen. Weil es der innere Zwang verlangte, mußte sie manchmal auch etwas zu Papier bringen, sie richtete tausend Fragen in verschiedener Form an die Welt und bekam immer die gleiche Antwort: „Frau, kümmer dich dich um deinen Haushalt, koch Essen, eine Hausfrau hat keine Zeit mit Dichten zu verschwenden!" Von Freunden und Gästen, Männern und Frauen, aus Büchern, Zeitungen, mündlichen Diskussionen, überall die gleiche Antwort. Und dann verscheuchte sie den Gedanken, vergrub ihre Dichtung in der Erde und schaffte es schließlich, „nur Erde zu sehen, keine Blumen".

Sophie war in sehr jungem Alter von einer jener Krankheiten befallen worden, „mit denen wir für gewöhnlich erst dann zum Arzt gehen, wenn es zu spät ist, um sie zu heilen". In den ersten Jahren wollte sie nach Amerika reisen, um bei einer Ärztin Zuflucht zu suchen, aber dann schlug sie sich das aus dem Kopf, denn „wenn alle Frauen dort hingingen, die leiden, weil sie sich nicht überwinden können, sich an einen männlichen Arzt zu wenden oder die Hilfesuche hinauszögern, bis es zu spät ist, dann gäbe es eine richtige Völkerwanderung". Nun sammelte sie alles Geld, das sie nur bekommen konnte und sparte es, um einen Stipendienfonds für Ärztinnen zu gründen.

Elise war während ihrer Verlobungszeit an den Pocken erkrankt. Während sie sich von ihrer Krankheit erholte, war ihr eine Ausgabe eine Zeitung namens *Åbotidningar* in die Hände gefallen, für die die edelsten und kultiviertesten Männer unseres Landes schrieben. Die schwer zu begreifenden Beiträge ließ sie ungelesen, denn die verstand sie nicht, aber die kleineren, poetischeren Stücke las sie. Was enthielten sie? Preisungen der Schönheit. Die Schönheit wurde zu dem erhoben, das der Frau ihren höchsten, einzigen Wert gab, aber die Häßlichkeit wurde verdammt, in welcher Form sie auch auftrat. So denken die Edelsten, die Besten! war ihr erster Gedanke. Sie begann darüber zu brüten, daß sie selbst die Schönheit ihres Gesichts verloren hatte, und das Ergebnis war, daß sie ihren Verlobten freigab. Danach lernte sie unter der Anleitung des alten Organisten der Gemeinde das Orgelspiel und vertrat ihn oft. Nach dem Tod des Alten vertrat sie ihren kranken Bruder, der von Elise das Orgelspiel gelernt hatte und der das Amt übernommen hatte. Obwohl Elise während der Krankheit ihres Bruders dieses Amt ganze zwei Jahre ausgeübt hatte, „weil ihr Platz unten in der Kirche nicht zu sehen war", obwohl sie ihre Arbeit ganz großartig gemacht hatte und obwohl kein Mann dafür zu bekommen war, bekam sie die Stelle nach dem Tod ihres Bruders nicht, weil sie eine Frau war. Danach hatte sie keine Aufgabe mehr, und ihr Leben war freudlos und öde. „Der edle, große Dichter gibt der Frau den Rat, daß sie nicht danach streben solle, etwas anderes als schön und anmutig zu sein, denn mit diesen Eigenschaften regiere die Frau im Grunde die Welt. Ich denke, daß die meisten diesen Rat gern befolgen würden – aber es ist nicht so leicht, schön und anmutig zu sein."

Facetterna endet mit folgenden Worten: „Elise ist doch noch etwas geblieben – die Notwendigkeit, fleißig zu nähen, um leben zu können. Aber eine bedrohliche Merkwürdigkeit, die Nähmaschine, wandert jetzt von Land zu Land. Angenommen, daß die Erfinder sie bis zur Vollkommenheit entwickeln und sie allgemein in Gebrauch kommt – was bleibt der Frau dann? Am besten wäre es, riesengroße Bedürftigenhäuser zu bauen, damit all die Frauen hineinpassen, die brotlos bleiben, wenn nicht einmal die einzige und letzte Arbeit, die ihnen zugestanden wird, ihnen ein Stück Brot zum Schlucken einbringt."

Und diese Prophezeiung hat sich erfüllt – denn was sind diese „Altenheime", Lotterien für „bedauernswerte Arme" und andere Einrichtungen, in denen man mit Barmherzigkeit versucht, das heilzumachen, was die Gesellschaft kaputtgemacht hat? Sind nicht all die Armenhäuser und Armenkassen für Frauen da, die keine solche Bildung bekommen haben, daß sie sich durch eigene Arbeit selbst ernähren können?

Das bemerkenswerteste von Fredrika Runebergs Bildern ist das Stück *Tre som flyttade till Sverige*[59]. Darin verteidigt sie Fredrika Bremer[60] gerade da, als fast die ganze gebildete Öffentlichkeit in Skandinavien ihr wegen *Hertha*[61] den Rücken gekehrt hatte.

„Zu jener Zeit", um Frau Runebergs Worte zu gebrauchen, „wurde Fredrika Bremers Name fast nur dann genannt, wenn man sie tadeln wollte. Und die Gänse versuchten, in der Arbeit dieser edlen Frau alle noch so kleinen Schwächen zu finden und pickten daran und kreischten."

Wir haben allen Grund, uns dankbar darüber zu freuen, daß diese edle Frau in Finnland wenigstens eine Verteidigerin hatte, die mit einem einzigen Schlag ihrer eigenen Hand die grenzenlose Verehrung, die ihre schriftstellerische Tätigkeit ihr eingebracht hatte, wegfegte und der Wahrheit und dem Recht opferte.

---

[59]   „Drei, die nach Schweden zogen" (Anm. d. Übers.).

[60]   Fredrika Bremer (1801 – 1865): Schwedische Schriftstellerin und Frauenrechtlerin (Anm. d. Übers.).

[61]   *Hertha:* Roman von Fredrika Bremer (1856), in dem die Gleichberechtigung der Frau gefordert wird (Anm. d. Übers.).

Über den Schreibstil von *Teckningar och drömmar* wird gesagt, daß man darin Almqvists und Andersens Einfluß bemerkt und daß es zum Teil schwärmerisch sei. Diese Bemerkung ist zweifellos berechtigt, weil Frau Runeberg, ebenso wie viele männliche Schriftsteller dieser Zeit sowohl in Schweden als auch in Finnland, von Almqvist beeinflußt wurde.

Aber der Gesamteindruck ihrer Geisteskinder ist dennoch so, daß der Leser Fredrika Runebergs ganz persönlichen Stil erkennt, der so poetisch und kraftvoll ist und ein solches Bild des Lebens schafft, daß es unter den Schriftstellerinnen unseres Landes kaum eine gibt, die in diesem Punkt mit ihr verglichen werden kann.

Schon die Tatsache, daß man in ihren Erzeugissen nichts von Runebergs Einfluß merkt, zeigt die große Unabhängigkeit dieser Autorin. Eine Person kann eine sehr „originelle" Natur haben und, obwohl sie mit einem Genie zusammenlebt, trotzdem ihre unabhängige Denkweise bewahren.

Aber die Tatsache, daß sie Runebergs Frau war, bewirkte, daß die öffentliche Meinung sie von Anfang an auf ihre Art beiseiteschob. Es ist bezeichnend, daß das *Litteraturblad* ihr zweites Werk *Fru Catharina Boije och hennes döttrar*[62] gleich nach Runebergs Werken veröffentlichte. Die Kritik beginnt mit dem Hinweis auf die Beziehung zwischen den Schriftstellern und nur ein paar wohlwollenden Worten über Frau Runebergs Werk, und trotzdem gilt das obige Werk als einer der besten historischen Romane unseres Landes. Die Darstellung ist ausgezeichnet, die historische Färbung wahrheitsgetreu. Nur wenige Kritiker haben sich die Mühe gemacht, ihre Aufmerksamkeit auf dieses scharfe und unbestechliche Urteilsvermögen zu richten, mit dem die Autorin die Schrecken des Krieges und furchtbare Taten beschreibt, obwohl diese Auffassung genau das Motiv des Buches ist und bezeugt, daß das Auge der Autorin nicht verblendet ist von der kriegerischen Schönheit und Bewunderung des Ruhms. Frau Runebergs Buch ist kurz gesagt „eine von einer Frau geschriebene Erzählung über den Krieg".

Natürlich wurde von einem Buch, das zur Zeit von Runeberg und Topelius erschien und das noch dazu von einer Frau geschrieben war, behauptet, es sei im Stil dieser Autoren geschrieben. So beklagt J. V. Snellman im *Litteraturblad* etwas ironisch, daß „dieser ärgerliche Feldscher überall im Weg ist"; sonst sei die Sprache in *Fru Catharina Boije* sehr historisch wahrhaftig gewesen. Die Nachwelt, die das Buch unparteiisch beurteilen kann, bemerkt leicht, daß diese Bemerkung falsch ist, weil in dem Buch ein Krieg auf die persönliche Art beschrieben wird, die oben erwähnt wird.

---

[62]   „Frau Catharina Boije und ihre Töchter" (Anm. d. Übers.).

In diesen beiden Werken tritt Fredrika Runeberg als erste Finnin hervor, die für die Sache der Frau spricht. Sie präsentiert ihre Leiden und ihre Wünsche. Wie sich ihre Ansichten zur Stellung der Frau allmählich entwickeln, zeigen ihre Briefe an Augusta Wallenius und auch an die Schriftstellerin Emilie Björkstén[63], die eine langjährige vertraute Freundin von ihr und Runeberg war. Die letztgenannte Briefsammlung wurde der Schreiberin dieser Zeilen freundlicherweise zur Verfügung gestellt.

An Augusta Wallenius schrieb Frau Runeberg:

„Hast Du gelesen, was Mamsell Bremer über ‚Strauss‘ Streitfrage‘ schreibt? Mir fällt der Name des Buches gerade nicht ein.[64] Ich habe nur einige Auszüge in der *Freija* gesehen, aber mir wäre es lieber, wenn sie es nicht geschrieben hätte. Ich weiß nicht, mir scheint, daß eine Frau nicht ihre Stimme in den Lärm mischen sollte, wenn über irgendeine Frage des Tages gestritten wird, wenn der Disput eine Frage berührt, die ich für eine heilige Sache des einzelnen halte: das religiöse Gefühl, die religiöse Überzeugung. Ich möchte es scheu verbergen vor den Augen der Welt; das, was tief im Herzen wohnt, scheint mir nur für uns selbst dazusein, oder möglicherweise noch für den Ehepartner, einen liebenden Freund, den Vater oder die Mutter. Und mir gefallen all diese aus wissenschaftlichen Untersuchungen gewonnenen Zusatzausstattungen nicht, jedenfalls nicht, wenn sie von einer Frau geschrieben wurden. Vielleicht wäre es mir nicht so zuwider, wenn die Autorin nicht jene liebenswerte Landsmännin gewesen wäre, die ich nicht anders sehen möchte als liebenswert und anmutig.“

Aber ungefähr zur gleichen Zeit schrieb sie an Emilie Björkstén einen Brief, in dem sie selbst unbewußt ihrem obenstehenden Brief widerspricht: „Ich glaube, wenn die Menschen der Frau nicht soviele unsinnige Regeln auferlegen würden, sondern sie sich ohne geistige Fesseln frei entfalten ließen, dann habe ich großes Vertrauen zum lieben Gott, daß ich glaube, er hat von Anfang an den Instinkt der Frau so gut eingerichtet, daß auch sie wunderbare Ziele erreichen könnte.“

Einige Jahre später schrieb sie an Augusta Wallenius: „Weißt Du, Augusta, ich liebe die neue Zeit, diese junge, vorwärtseilende. Gott sei Dank, ich kann mich aus tiefster Seele darüber freuen, daß die Welt voranschreitet, und das tut sie wirklich. Ich bin glücklich, daß ich nicht zu den alten Leuten gehöre, die Dinge für verrückt halten, wenn sie nicht genau so sind wie zu ihrer Jugend, und meinen, daß die Welt ganz sicher untergehen wird, wenn sie ihre Bahn

---

[63] Arkadia Emilie Björkstén (1823 – 1896): Finnlandschwedische Schriftstellerin und Übersetzerin, Ende der 1840er Jahre Geliebte Johan Ludvig Runebergs (Anm. d. Übers.).

[64] *Morgonväkter* (Anm. d. Verf.). In diesem Buch (1842) kritisierte Fredrika Bremer die Ansichten des deutschen Theologen David Friedrich Strauß (1808 – 1874), die dieser in seiner Schriftenreihe *Das Leben Jesu* (1835 – 1836) vertrat. Strauß unterschied zwischen der historischen Person Jesus und dem Christus der Glaubenslehre (Anm. d. Übers.).

ziehen darf, wie sie will. Ich möchte auch das Rad packen, aber nur, um es in meine Richtung zu drehen, wenn ich es nicht aus eigener Kraft schaffe, ihm zu folgen. Es ist wirklich erfrischend, zu sehen, wie alles voranschreitet, daß es auf der Welt nichts gibt, das uns in dieser Weise dazu bringt, diese Kraft zu bewundern, die es so weise einrichtet, daß die Schöpfung nach Erleuchtung und Veredelung streben muß. Ich verstehe nicht, wie jemand, der an den mächtigen und weisen Gott glaubt, gleichzeitig denken kann, daß die Welt von Tag zu Tag schlechter wird. Dann wäre Gott ein schlechter Baumeister, dessen Arbeit von Jahr zu Jahr mehr verfällt, wie die Arbeit der Menschen. Es ist doch wunderbar, zu denken, daß all diese Gedanken, die nun gesät werden, in der Zukunft sprießen und Früchte tragen werden, auch wenn ich dann in meinem Grab ruhe und nicht die Ernte sehen darf. Tausende andere werden sich freuen über all das Edle und Gute, das bis dahin gewachsen sein wird."

Wenig später schrieb sie an Emilie Björkstén: „Der Mann hat gehandelt, die Frau hat es hingenommen. Aktiv – passiv, um grammatikalische Bezeichnungen zu gebrauchen. Verbirgt sich im Schoß der Zukunft ein anderes Verb, eine andere Form der Tätigkeit, die geeignet ist, um die Welt der Frau bekanntzumachen, bekommt sie in der Zukunft eine andere Geschichte, das möge die Zukunft entscheiden. Wenn ich Zeit und Gelegenheit gehabt hätte, diese Sache zu untersuchen, hätte ich vor allem eine Geschichte der Frau schreiben wollen. Runeberg bestellt Grüße und sagt, daß er sehr zornig auf Dich war – weil Du seinen Namen erst nach meinem Namen genannt hast. Er sagt, er sei nie damit einverstanden gewesen, daß man z. B. sagt ‚Sehr geehrte Damen und Herren'. Nun, wenn es um diese Frage geht, bin ich natürlich der gleichen Meinung wie er. Die Frau ist doch allgemein im Leben an den ‚zweiten' Platz gestellt, wozu also die verlogene, mit Herablassung gemischte Höflichkeit, sie an den ‚ersten' Platz zu stellen, so wie den Leuten der glänzende Schmuck der Schmeichelei hingeworfen wird? Nun ja, in diesem Scherz von Runeberg mischt sich ein bitteres Körnchen Wahrheit."

1862 erschien der Roman *Sigrid Liljeholm*, dessen Stoff aus der Zeit des Keulenkriegs[65] stammt. Er ist sowohl hinsichtlich der Präsentationsart als auch des Aufbaus schwächer als die beiden früheren Werke der Schöpferin, aber er hat dennoch einen Wert in der historisch-romantischen Literatur unseres Landes.

Im folgenden Jahr traf Frau Runeberg ein großer Kummer: Ihr Mann erlitt während eines Jagdausflugs einen Schlaganfall und war danach bis zu seinem Tod ans Bett gefesselt. Seine Frau lebte von da an nur noch für ihn. Ihr Gehör wurde Tag für Tag schlechter, und die Sehkraft ließ nach, weil sie ständig, oft sechs bis acht Stunden am Tag, dem geliebten Kranken vorlas.

---

[65] Der „Keulenkrieg" war ein Bauernaufstand, der Finnland im 16. Jahrhundert erschütterte (Anm. d. Übers.).

In den letzten Jahren ging sie nur noch selten aus dem Haus; die Sorge darüber, daß dem Kranken während ihrer Abwesenheit etwas passieren könnte, hielt sie ständig in seiner Nähe. Diese Lebensweise schwächte natürlich ihre eigene Gesundheit. Wieviel Kraft sie dessen ungeachtet noch hatte, an andere Dinge zu denken, bezeugen ihre Briefe an die vorher erwähnten Freunde.

Am vierzehnten Februar 1865 schreibt sie an Emilie Björkstén:

„Ich weiß nicht recht, was ich brauche, um gesund zu werden: Luft, aber ich denke, vor allem – Freundschaft. – Ja, es hätte meinem Herzen sicher gutgetan, wenn ich geglaubt hätte, daß auf der Feier ein einziger Mensch wenigstens einen kleinen Moment lang einen freundlichen Gedanken an die arme unbedeutende Ehefrau des ‚großen Mannes‘ verschwendet hätte, die sich nicht nach der Art anderer Ehefrauen ‚eins‘ mit demjenigen fühlen kann, den sie über alles liebt, die aber manchmal in einem Moment der Sehnsucht wünscht, daß sie nicht so weit unter ihm stehen möge. Und dennoch bin ich nicht so ein selbstsüchtiges Geschöpf, daß ich ihn zu mir herunterziehen wollte. Ich denke, daß Du mich nicht richtig verstehst, aber – hast Du das Stück eines gewissen Stagnelius[66] gelesen (an den Titel erinnere ich mich nicht), in dem eine Julia ihrem Geliebten bis in die Verdammnis folgen will? Ich habe tief empfunden, daß dieses phantastische Stück von Grund auf wahr ist. Tausendmal sage ich mir, wie unrecht ich habe, wie selbstsüchtig mein armes Herz ist – wenn er ein Stern ist, müßte ich mich doch damit zufriedengeben, daß ich mit Millionen Sandkörnern am Strand mit harmonischer Freude zusehen darf, wie er seine glänzende Bahn zieht. Aber es tut mir in der Seele weh, weil ich fühlen will, daß ich in der gleichen Sphäre lebe wie er, und dieses glückliche Gefühl hätte ich, wenn er L., E., B. oder wer auch immer von unseren Nachbarn wäre. Und dennoch, Gott bewahre, ich würde ihn nicht gegen L., E. oder B. eintauschen wollen. Aber dann scheint mir, als sei ich ihm jetzt etwas näher, denn nun merke ich, daß ich ihm in gewisser Weise nützlich bin, und aus diesem Grund erfüllt meine Seele ein sehr warmes und klares Tageslicht, wenn ich merke, daß ich ihn wirklich erfreuen und unterhalten kann. ‚Häng nicht traurigen Gedanken nach‘, würde ich sagen, wenn ich nicht aus eigener Erfahrung wüßte, wie hartnäckig diese Gedanken sind und wie schwer es ist, sie zu vertreiben. Verzeih mir, daß ich einen merkwürdigen, sentimentalen Brief geschrieben habe, aber denk daran, daß ich alle meine Gedanken in meiner Seele einschließen muß, daß ich nie, keinen Moment, mit jemandem frei heraus reden kann, um bekanntzumachen, was in mir vorgeht. Wundere Dich also nicht darüber, daß aus der vertrockneten Herzkammer etwas seltsame Luft strömt, wenn deren Tür einmal ein wenig geöffnet wird. Und dennoch könnte man erwarten, daß bei

---

[66] Erik Johan Stagnelius (1793 – 1823): Schwedischer Dichter der Romantik (Anm. d. Übers.).

jemandem, der auf das sechzigste Lebensjahr zugeht, das Blut nicht mehr so leidenschaftlich kocht. Man würde doch denken, daß ein alter Mensch es geschafft hätte, in seinem Herzen soviel Schnee anzusammeln, wie er graue Haare bekommen hat. Und dennoch finde ich es so schwer, immer ruhig und ausgeglichen zu wirken."

„14. März 1866. Mir, die ich fern von der übrigen Welt lebe, erscheint es merkwürdig, plötzlich zu hören, was für Kleider die Leute in Helsinki auf einigen Festen anhatten. Es war, als hätte ich die Beschreibung von Masken gehört. Ein Mensch, ein erwachsenes Kind, muß wohl ein Spielzeug haben. Wer nichts anderes hat, der geht unter Leute und zieht seine Puppe an und aus, auch dann noch, wenn er keine andere Puppe mehr hat als sich selbst oder die Männer ihre Frau. Ich habe mich auch in diesen Zeiten oft mit einer Puppe abgegeben: ich meine meine Feder. Ich bin froh, wenn ich mit ihr spielen kann. Nicht, weil ich glauben würde, daß ich etwas zustande bringe, das irgendeinen Wert hätte, sondern weil wie gesagt jeder seine Puppe zum Spielen haben muß. Auch hier gilt die Wahrheit, daß der Mensch nicht nur vom Brot lebt. Aber es ist doch natürlich, daß das Vorlesen von morgens bis abends nicht gerade die Schreibtätigkeit vorantreibt, besonders, wenn man Bücher liest, die einen nicht faszinieren. Wenn man dann endlich das, was man sagen wollte, formuliert hat, ist der freie Moment zu Ende, und gerade, wenn man denkt: So soll es sein!, ist der Augenblick zum Schreiben schon vorbei, und wenn er vielleicht nach vielen Tagen zurückkehrt, ist alles vergessen, und der Schreiber muß aus seinem alten Vorrat aufs Papier bringen, etwas kaltes Essen als Ersatz für eine warme Mahlzeit, von dem er, als es frisch war, glaubte, es dufte gut und würde die Forderung des Geschmackssinns befriedigen. ‚Uff, was für Küchenvergleiche', wirst Du gequält sagen! Aber jeder wählt seine Vergleiche aus dem Gebiet seines Berufs. Solcherart war meistens meine ganze Schreiberei. Der Unterschied ist nur, daß beim Nähen, an der Wiege und in der Küche oft die Schmetterlinge der Dichtung um mich herumflatterten, und die kann man fangen, aber wenn man alle möglichen Bücher laut liest, dann kann so etwas nicht passieren. Alle Schriftsteller beklagen, daß die Schmetterlinge, die sie aufs Papier bannen, meistens nicht so wunderbar sind wie die, die in den Blumengärten ihrer Phantasie herumschwirren. Was würde dann jemand sagen, der seiner Meinung nach nie berechtigt war, zu denken: Jetzt, jetzt will ich aus dem dichten Schwarm der Schmetterlinge die schönsten erwischen!, sondern nur: Nun, jetzt habe ich einen Moment Freizeit, fliegt hier vielleicht gerade ein schöner Falter vorbei, den ich zu fassen bekomme? Und dann fängt man nicht den schönsten von allen. Aus diesem Grund ist es nicht sehr verlockend, solche Schmetterlinge in die Welt zu schicken. Wenn doch in einem Moment der tollkühne Gedanke erwacht, daß andere Freude daran haben könnten, dann empfindet man eine schwache Versuchung, aber so übermütige Gedanken plagen mich nun normalerweise nicht mehr, und so müssen die Erzeugnisse meiner Feder ‚in meiner grünen Tüte' schlummern. Ich weiß wirklich nicht, wer noch ein aufmunterndes Wort sagen könnte, niemand anders außer Dir, mit der ich über diese Dinge spreche. Ich kann nicht mehr hoffen, in Runebergs Augen jene fröhliche Zustimmung zu sehen, die mich früher mehr als alles andere angespornt und ermutigt hat. Ein einziges Stück habe ich ihm vorgelesen, seit er krank geworden ist, und draußen in der literarischen Welt ist a-g sicher ebenso vergessen wie alle anderen großen und kleinen Buchstaben in unseren alten Kalendern."

„2. April 1866. Danke, mein Herz, für Deine Freundlichkeit, mir diese schöne Tasse zu schicken. Aber weißt Du, natürlich mache ich sie mit der Zeit zu Runebergs Tasse, obwohl mein Name daraufsteht. Irgend etwas für mich zu behalten, wäre nicht passend und entspräche nicht meiner Natur. Mari schmunzelte sofort, als ich sagte, daß es als meine Tasse gedacht sei. Sie zuckte die Achseln und sagte: ‚Nun ja, wenn es für den Professor wäre, wäre es etwas anderes', und stellte sie nicht an meinen Platz. Ich war nie ein Mensch, für den etwas getan wurde. Nein, ich bin es leider doch: Weil ich in meinem Leben viel krank war, habe ich wirklich meinen Teil an Pflege und Fürsorge gebraucht und bekommen. Aber im übrigen verstehe ich nicht, wie eine Mutter, die nur Söhne hat, jemals Gelegenheit bekommen könnte, ihren eigenen Wert zu betonen. Wenn ich Töchter hätte, dann säße ich vielleicht ehrwürdig auf dem Sofa und hielte mich für eine sehr wichtige Persönlichkeit im Vergleich zu diesen jungen Dingern, aber auch daraus würde nicht viel werden. Vielleicht müßte die Mutter auf dem Boden herumkriechen, um die Säume der Töchter in Ordnung zu bringen, und sich Tage und Nächte darum kümmern, wie sie sie schönmachen kann, und dann gähnend in einer Ecke sitzen, während die Gäste die Töchter bewundern, aber die Mutter muß, weil es die guten Sitten erfordern, im Salon sitzen. So sind die Dinge oft, wie man hört. Und Gott sei Dank, auch der Beiseitegeschobene und Vergessene hat seine eigene Freude. Ich erinnere mich, daß ich mich als junger Mensch darüber gefreut habe, daß viele meiner Bekannten außerordentlich schöne Mädchen waren und ich sie ‚sehen' durfte. Wenn ich selbst schön wäre, dachte ich, dann wäre es mir keine Freude, die Schönheit anderer zu sehen. Und das gilt in bezug auf viele Dinge. Die Rolle des Aschenputtels ist nicht immer die schlechteste. Ich habe die sonderbare Gewohnheit, mich beim Reden und Schreiben von meinen eigenen Gedanken mitreißen zu lassen, so daß ich etwas sage, das ich anfangs gar nicht so sagen wollte und daß jene kleine Frage, die mich selbst berührt, zu einem Ausgangspunkt für etwas Allgemeineres wird – und das kommt anderen oft sehr seltsam vor. Sie denken, daß ich immer noch über mein eigenes Ich rede, wenn ich schon lange dabei bin, mir allgemeine Gedanken zu machen, obwohl ich wirklich darauf hingewiesen habe. So habe ich auch jetzt einen langen Wortschwall von mir gegeben, der so ist, daß man, wenn man mich danach beurteilen würde, mich für sehr demütig halten könnte, obwohl ich meine Schwäche besonders gut kenne: Ich bin nicht so demütig, wie ich sein sollte; der Stolz sitzt tief im Herzen wie der Kern im Apfel."

Obwohl Frau Runeberg sich immer als ungeschickt und untätig bezeichnet, scheint sie diese Bezeichnungen nicht zu verdienen. Unter anderem war sie sechzehn Jahre Vorsitzende eines Frauenvereins, der in der Stadt Porvoo eine Schule für arme Mädchen betrieb. In den Mißerntenjahren 1866 und 1867 beteiligte sie sich eifrig an vielen Versuchen, die Not zu lindern. Sie schreibt darüber an Frau Wallenius 1866:

„17. November 1866. Gebe Gott, daß dies in unserem Volk eine solche Kraft weckt, daß es wagt, sich von den alten geerbten Sitten abzuwenden. Ich glaube, daß die Zunahme der Arbeitskraft mehr wirkliche Hilfe bringt als die größte Sparsamkeit, denn das Geld des Verschwenders landet oft in den Händen des Arbeiters. Wenn die Reichen zu sparsam leben, dann sieht der Arbeiter den Hunger. Das ist die andere Seite solcher Sparsamkeit, die man in unserem Land so wenig versteht. Ich meine, man sollte auch die geringsten Einkünfte schätzen und lieber Dinge bewahren, die ein wenig Wert haben; anders ausgedrückt – wie ich meinen Söhnen zu sagen pflege – daran zu denken, daß hundert Kopeken ein Rubel sind. Hier werden besonders schöne Strohhüte hergestellt, ebenso an vielen Orten in Häme. Ich glaube, daß diese Hausindustrie den Hüten aus dem Ausland Konkurrenz machen wird und daß eines Tages unsere Hüte ins Ausland exportiert werden."

In vielen Briefen klagt sie über Engherzigkeit, mit der die Frauen auf Frauenvereine reagierten, sie hielten sie für unnötig und behaupteten, daß die Frauen dort selbstverliebt und „zu emanzipiert" würden. Frau Runeberg sagt, daß sie „mit Händen und Füßen" für diese Vereine habe kämpfen müssen.

Aber obwohl sie alt und krank war und die Pflichten zu Hause und außer Haus immer mehr wurden, konnte sie trotzdem nicht ihre Gedanken von ihren alten Lieblingsbeschäftigungen losreißen.

An Augusta Wallenius schrieb sie 1865:

„Die Träume meiner Seele – die sind doch Kinder meines Geistes; sollte ich mich also nicht darüber freuen, wenn ich höre, daß sie in einer anderen Seele Widerhall finden? Ist das Eitelkeit? Ich weiß nicht, aber in der Dämmerung meines Lebens freut mich das Wissen, daß die Menschen eine freundliche Erinnerung bewahren an das bißchen, was ich aus der Welt meines Innenlebens bekanntgemacht habe. Danke also, Freundin, für diese freundlichen

Worte, mit denen Du mir zu verstehen gegeben hast, daß noch jemand sich an meine kleinen, anspruchslosen Schreibversuche erinnert, die alle anderen schon vergessen haben."

Und an Emilie Björkstén 1867:

„In meinem Inneren habe ich eine geheime Ader von düsterer Melancholie, die ich mein ganzes Leben lang versucht habe, hinter meiner Energie zu verstecken, aber manchmal wird ihr Pulsieren zu stark und bricht alle Fesseln, mit denen ich versucht habe, es einzuschließen, und es rauscht hervor wie das Blut aus einer verletzten Hauptschlagader. Und in solchen Momenten hätte ich immer vor allen Menschen fliehen wollen und mich verstecken wollen, so daß ich nicht mit vorgetäuschter Fröhlichkeit den Mund zum Lächeln hätte verziehen und hören müssen, wie die Leute sagen, daß ich frisch und munter aussehe, gerade wenn ich das Gefühl hatte, der Tod sei so nahe, daß ich jeden Moment sterben würde. Das beste Schlaflied für diese Ruhelosigkeit war das Lesen und Schreiben. Aber wenn ich Rbg heutzutage vorlese, lese ich zwischen den Zeilen des Buches andere Sätze, die alle gleich enden: ‚Schlaf, schlaf!'
Aber ich will und kann nicht an Schlaf für mich selbst denken oder darauf hoffen, solange ich Runeberg nur ein bißchen dienen kann, wenn auch die Freude, die ich ihm bereiten kann, sehr gering ist. Aber er ist an mich ‚gewöhnt', und er leidet, wenn in seinen Gewohnheiten eine Störung auftritt. Ich habe lange Zeit keine ‚Zeit' gehabt, zu schreiben, aber am schlimmsten ist, daß ich keine ‚Lust' hatte.

Topelius war gerade hier. Er forderte mich auf, meine kleinen Stücke ‚für die Sache der Frau, diese große Sache, die jeden Helfer braucht', zu veröffentlichen. Was für ein Gedanke! Als ob mein unbedeutendes Geschreibsel etwas bewirken könnte! Gott sei Dank, der mir vergönnt hat, in dieser Sache den Morgen anbrechen zu sehen! Und ich zweifle keinen Augenblick am Hellwerden des Tages, wenn auch am Anfang noch Wolken ihn verdunkeln, wenn auch noch Jahrhunderte vergehen sollten zusätzlich zu den wehmütigen Jahrtausenden, in denen der Leidende sich nicht einmal berechtigt fühlt, seinen Schmerz zu verkünden und in dem jeder einzelne Seufzer Tadel einbrachte, denn es galt als verwerflich, darüber zu klagen, daß das Leben voller ‚Entbehrungen' und ‚Leiden' ist, was als die Bestimmung der Frau und als das von Gott bestimmte Schicksal dargestellt wurde.

‚Du haßt Männer regelrecht', sagte einmal jemand zu mir.

‚So ist es', antwortete ich, ‚das merkt man am besten daran, daß die Menschen, die ich auf der Welt am meisten liebe, alle Männer sind.'

Ich bin immer ein Mensch der Gegensätze gewesen. Ich habe mich verlobt und geheiratet, bevor ich alt wurde, aber trotzdem habe ich mich mit der Verteidigung der Rechte unverheirateter alter Frauen befaßt; ich habe selbst in einer glücklichen Ehe gelebt und trotzdem wollte ich von Herzen der Klage der unterdrückten Ehefrauen Gehör verschaffen. Selbst habe ich meinen Geist verhältnismäßig weit entwickeln dürfen, wesentlich mehr als viele andere, und trotzdem habe ich für die Frau das Recht gefordert, an der Bildung teilzunehmen (ich muß aber zugeben, daß ich in dieser Sache tief empfunden habe und diese Klage vorgetragen habe, als hätte es sich um mir selbst angetane Gewalt gehandelt). Aber gerade aus diesem Grund habe ich diese Klage in die Öffentlichkeit bringen können, in der ich für tausende gesprochen habe; ich wäre zu stolz gewesen, meine eigenen Leiden der Welt bekanntzumachen."

In ihren letzten Lebensjahren schrieb Frau Runeberg für die *Finsk Tidskrift*. Darin erscheinen ihre Beiträge unter dem Titel *Silhouetter*. Sie sind gleicher Art wie *Teckningar och Drömmar*, aber trotzdem nicht mit ihnen zu vergleichen. Ihre Briefe aus der Zeit sind voll zärtlicher mütterlicher Betrachtungen über die Entwicklung der Kinder, ihre Arbeit und Zukunftsgedanken. Aber obwohl die Angelegeheiten der Allgemeinheit darin den privaten Beschäftigungen Platz machen, merkt man bei der Autorin dennoch nicht den Herbst des Herzens, der den Menschen kalt gegenüber den Leiden anderer macht. Ihr warmes Mitgefühl blieb unverändert.

Am 6. Mai 1877 erlosch Johan Ludvig Runebergs Leben. Zwei Jahre später, am 28. Mai 1879, folgte seine Frau ihm ins Grab. Das ganze Volk beweinte den Tod seines großen Dichters und pflegte dankbar das Andenken an ihn. Um seine Frau trauerte nur der Freundeskreis, der wirklich sehr zahlreich war, und einige wenige, „in deren Herzen die Träume ihrer Seele, die Kinder ihres Geistes Widerhall gefunden hatten". Aber obwohl sie die Tage ihres Lebens im Schatten verbracht hatte und obwohl ihr Werk bis jetzt viel weniger Aufmerksamkeit geweckt hat, als es verdient hätte, ist doch ihr Andenken dabei, aus der Vergessenheit aufzusteigen. Ihr Name wird uns immer teurer werden, je mehr Finnlands Frauen sich der neuen Zeit nähern, die sie so glühend liebte, der Zeit, in der „tausend sich freuen dürfen über alles Edle und Gute, das gewachsen ist, nachdem sie gegangen ist".